氣空の拳

バウンダリー叢書

氣空の拳

空手と合気の融合

小磯康幸
高萩英樹

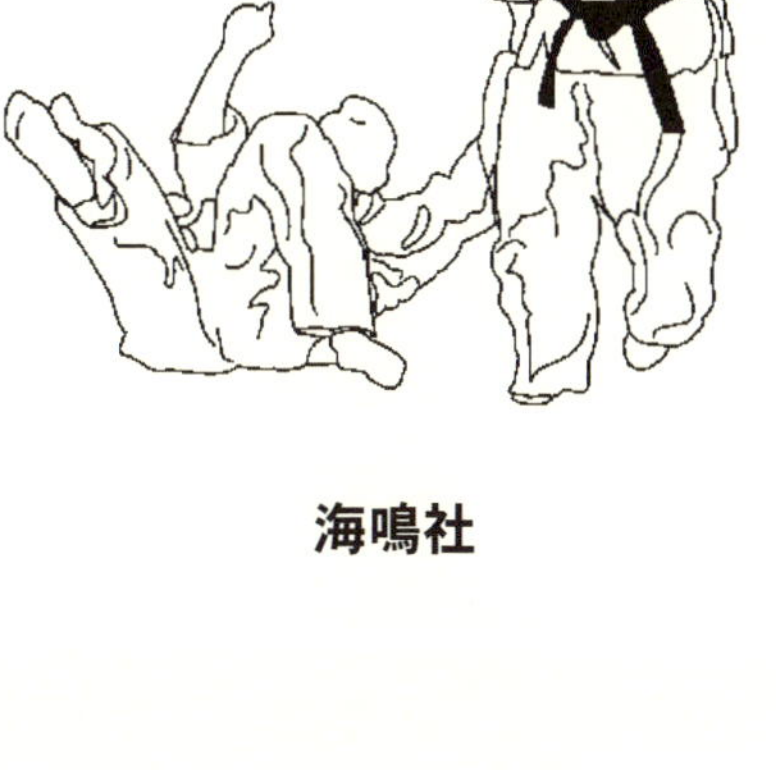

海鳴社

目次

監修の言葉

空手道拳友会会長・氣空術主宰

畑村　洋数

その男は入門後の稽古で、あるとき「一発、突きを打って下さいませんか?」と胸を張って言って来ました。

私は危険だと判断しました。何故なら…

その男の眼はギンギンと光り、倒してみろ!　との闘争心一杯であり、このままの状態なら骨は折れるだろうと感じたからです。

私は「今は無理です。少し稽古をして、身体と心が柔らかくなってからにして下さい」とその男に告げ、普段の稽古指導に戻りました。

その日が初めての参加となる女性の方もおられ、そんな女性と組んで稽古していたその男は、冒頭に申し上げたような挑発的な態度から、やがて少しずつ変化して来ました。そんなか弱い女性にころころ投げられてしまうことを通じて、悔しさが不思議さに代わって来たのでしょう。そして遂にその男が笑い出したではありませんか。

「今なら良いだろう」、そう思い、私はその男を呼び、望み通りに彼に突きを打ちました。すると彼は驚きとともに顔を歪めながら崩れ落ちました。

「この突きはめったなことではお見せしないことにしているんですけどね。今の身体・心の状態なら喰らっても大丈夫と思ってね。」

そのときのことやそれ以降のくだりは、その男、即ち小磯康幸が本編にて思いを語っているので、そちらに託しましょう。

そのときのことが、小磯君にはよほど「衝撃」だったのでしょう、それからほとんど毎日彼から電話がかかって来ました。そんな小磯君に、私も知りうる限りお答えしました。そして自分の忘備録として、氣空術についてブログに書きたいと言って来たときも、もちろん私は許諾しました。

小磯君はプロのキックボクサーとして活躍し、引退後は日本チャンピオン輩出に関わった男で、他団体との交流も沢山経験して来ています。

つまり、こと格闘技に関しては、その経験に口を挟む余地は無いほど素晴らしいのです。

そんな男が徐々に変わって来ました。

「氣空術は勝ち負けでは無いのです。自分の心の持ち方で、自分は変わるし、相手も変わる。」

「まず如何に相手を労わるか、相手を思うかが大切なのです。」

私は小磯君にそう言い続けました。

しかし私も氣空術を編み出す以前にはガンガンやって来た人間です。「やられたらやり返す」「さぁ〜こい！」でやって来たワケですから、戸惑う彼の気持ちは、痛いほどに解ってもいました。

相手を思うだって？

答は「愛」と言われても、そう簡単に「ハイそうですか」とはいかないのも、無理はありません。

しかし彼は私に対する遠慮でしょうか（笑）、少しわかったような口ぶりで答えてくれたものでした。

しかしそれは確実に、彼の脳裏に刻みこまれていたのです。

その「刻み込み」は、最初は僅か一割ほどだったかもしれない。しかし厳しい格闘技を続けて来た者として、一切そんな気持ちを受け入れないと今まで思っていた小磯君の心の中の一割なのですから、これは大きな変化です。

そして彼の、そんな一割ほどの心の「種」は段々と大きく育ち、このような本を書けるまでになってくれました。


私が各支部の方々のことを小磯君に話すと、彼は「是非その方々を紹介してほしい。ブログに書いて氣空術門下生や読者の皆さんにお伝えし、糧として頂きたいのです」と言って来ました。それを元に、いつかこのような本を著したいとの一心だったのでしょう。

ところで今回、小磯君の要請に応じる形で執筆の協力を申し出た男がいます。

その男は東京での氣空術講習会に参加したのですが、誰も彼に技を掛けることができず、いたたまれず私のところへやって来ました。

彼曰く「私は今まで『これは本物かも！』と思われる講習会などへ伺い、合気を体験させて頂こうとしましたが、残念ながら今まで一度も私の願いは叶いませんでした。しかし私は体感したいのです。そうでなければ『合気は嘘だ！　無いのだ！』で終わってしまう。私は合気が実在すると、信じているのです」。

見るからに鍛えに鍛え抜いた体格で、聞けばフルコン空手をやり込み、ありとあらゆる武道・武術を経験し、現在は合氣柔術を修業中とのこと。そこで少し触れてみました。確かに合気をかけているのですが、その男は「体感できていない」と言います。そのとき私は、一番弟子の藤原と全く同じ身体能力を持つ男だと感じました。

だから、違う意味で素晴らしい、と私は思いました。そして、今からは参加者同士ではなく、私の同行メンバーと稽古するよう指示しました。後から聞いた話ですが、長男の吉彦が何とか伝えようと奮闘、その後の懇親会でも隣に座って話し込み、最後には人差指一本での「合気上げ」をその男に体験させたそうです。

その男の名は、高萩英樹。

「貴方は合気をかけるほうに専念しなさい。凄い使い手になりますよ」、私はそう高萩君に告げましたが、それは私の本心から出た言葉でした。

高萩君も僅かではあるが一条の光が見えて来たのでしょう、東京支部に入会し、これまで一回も稽古を休むことなく、楽しんでいます。本人はあまり解ってはいないようですが、確実に身体も柔らかく使えるようになって来たし、本来持っている〈魂〉も輝き始めました。自分の目に狂いはなかったと、私はそう思っています。

これは小磯君にも言えるのですが、氣空術の術理・思いを以て、今まで取り組んで来たものに応用・工夫し、ますます精進してほしいものです。

けれども、氣空術はまだできたてのホヤホヤ、即ち発展途上です。さまざまな方々との出会いが、これからも続くことでしょう。そのことで、氣空術も私達も進んで行けるのです。

その第一章としての出発。私は今回の二人の執筆を、そう受け取っています。

一方で、氣空術は各武道・武術そして格闘技などを経験した方々だけではなく、全くそのようなことに縁のなかった女性の方々も多く稽古されています。

老若男女混じって笑いの絶えない稽古風景。投げたり転ばされたり、それも皆さん笑顔のままで。

これもまた、氣空術の大切な側面です。

今回沢山の方々に御協力頂いたと伺っています。

皆様本当にありがとうございました！

この本を縁に、一人でも多くの方々に氣空術を知って頂け、その稽古を通して本来の自分を取り戻されて、それぞれの人生を元気に生きる糧として頂ければ、望外の喜びです。

推薦に代えて

炭粉　良三
（敬称略）

早いもので、私が保江邦夫と遭遇してから、もう七年以上の年月が過ぎた。

その間、保江の創設した「冠光寺流」は、日の出の勢いで日本全国に広がった。

だが、その冠光寺流がまだ岡山の片隅で十数人の門弟だけで稽古されていたとき、私に遅れることおよそ一年ほどで入門して来た男がいる。

誰あろう、畑村洋数である。彼は岡山での稽古の中で「何か」を掴んだようだった。その頃空手しか知らなかった私は、畑村が得心したその「何か」を理解できなかった。しかし彼は、驚くほどの素早さで「氣空術」なる境地に至る。

彼の道場は神戸である。だから早速、私は畑村が至ったという技を確認するため、彼の道場を訪れた。

驚いた！

まるで保江の柔術が空手に変容したような、異様な技の数々。何の敵意も力みもない畑村の何でもない突きや蹴りに、盤石に構える私はいとも簡単に飛ばされ倒された。

「そんな、バカな！」

この感想は、保江と戦った際に感じたことと合わせ、これで二度目である。たまらず、聞いた。

原理は、何だ?!


「愛です！　愛。」

「また、それかッ（怒）！」


それから数年の内に、氣空術もまた全国に広がってゆく。

黎明期から自分が関わった流派が伸び広がるのだ。決して嬉しくないワケではないが、正直私の心は「………」のままだった。

自分が、できないからだ。彼が、教えなかったからではない。

保江も畑村も、それこそ微に入り細に入り私に教えようとした。

だが、できない！

一向に、できない！

悔しい！


「愛だとぉ？　ンなモン考えながら、人をドツけるかあッ！」


だが私は幸運だった。

保江が与えた極秘任務の末に、やっとの思いでこれを会得したからだ。私はその境地を「零式」と名付けた。

保江・畑村両名は驚喜してくれた。

だが、払った代償も大きかった。


間もなくして、一人の男が現れた。

名を、小磯康幸という。

畑村によると、氣空術の名古屋支部に入門して来た元プロのキックボクサーで、引退後数人のチャンピオンも育てた男だという。

「ヤンチャなその性格は炭粉良三に酷似し、バカが付くほどに一本気だ」、畑村はそう付け加えた。

「いろいろ教えてやってほしい」とのことだったので、しばらくしてその小磯なる男とのメールや電話のやり取りが始まったが、彼はブログも書き出した。

それを見て、こう思った。

「ありゃ～、また犠牲者が一人…。」


その奮闘努力振りが、今までの自分と見事に重なったからだ。オマケに性格まで似ているとは…誠にお気の毒としかいいようもなかった。

だが！

あまりにももがき苦しんでいる（許せ、小磯康幸！）のを見かね、適時アドバイスをするや、この男…どんどん進化する！


「何やこの早さ！　チキショー、俺の数年間を返せコノヤロー！」（笑）

しかし、彼の修行はまだ続く。

何故なら、会長の畑村洋数も、無論私も、これからまだまだ修行が続くからだ。修行に終わりなどない。

けれども今私がいる地点を、このまま放っておけば、この男は後一年もしない内に通過するだろう。

ヤバい！　しかし、何故か嬉しい！　痛快だ！

そんな小磯康幸が、このほど「氣空術に関する」本を著すという。

彼は元々ライターである（そんなトコまで俺と同じなのか、この男は…）。

俄然、楽しみになった。

彼ならどう表現するだろうか、この（格闘者にとっては）ひたすらメンドウクサイ〈愛〉なる境地を。

しかし今までさんざんドツき合い蹴り合いを経験して来た彼のことだ、この世界にゴマンといる勘違いヤローには絶対にならないはずだ。

刮目して、待とう！　彼の脱稿を、一日千秋の思いで。

「炭粉先輩、是非推薦文を書いて下さい！」と言って来た小磯康幸よ、だから私は凡庸なる推薦文の代わりに、今…

ゴングを鳴らす!!

平成二十七年初秋

はじめに

自分は氣空術という武術を学ぶ一門下生である。入門したのが平成二十六年の四月だから、武歴はまだ浅い。しかし、その前にキックボクシングを三十年以上にわたって、やっていた。それがなぜ、氣空術という名前も知らぬ武術を始めたかについては本文に書いてあるが、当初、ここまでこの武術にはまるとは思わなかった。ましてや、本を書くなど想像もつかなかった。きっかけは自分の備忘録で始めたブログだったのである。畑村会長（以下、会長と略す）の指導を受ける、その指導は稽古中にとどまらない。稽古後の懇親会や店を出てからの路上、帰る途中の電車の中での指導と、時と場所を選ばない。さらに、分からないことがあれば、電話もしたし、メールもした。慈愛あふれる会長からはその都度、詳しい指導を受けた。武術の世界、このような稽古以外の場での教えは「口伝」と言われ、重視される。奥義や極意といったものは口伝で伝えられるのだ。古来の武術では初伝、中伝、奥伝という免許があり、そのときに師から与えられるのが目録だ。それに口伝による自らの覚書を書いたものが「手控え」と言われる。自分の場合、そんな大そうなものではないが、稽古以外の場で伝えられることが非常に参考になった。同時に、「氣空術という武術を少しでも世間に伝えたい」との思いからブログを書き始めた。

もともと、好きになったことには熱中するタイプである。ブログはほぼ、毎日のように書いた。会長からの教えや稽古で体験したり、気付いたことを書き続けた。いつしか、その量はかなりのものとなり、さらにまた、全国に広がる「合気＊探求者」の門下（いずれも武道・武術の熟練者）の話も聞いては、それも書いた。同時に自分の氣空術という武の術も少しずつではあるが、進歩していく。その頃から、「いつかこのブログをまとめて一冊の本を世に送り出したい」と思うようになった。

＊　文中に書く「合気」とは、世間でいう「合気道」の合気ではない。

自分程度のレベルで、そんな本を書くのはどうかとも思ったが、会長をはじめとする合気探求者たちの話は聞くだけで興味を惹かれたし、自分自身も技（動き）ができるようになるにつれ、ますます、氣空術に魅了されていく。さらに、稽古を通して親しくなった稽古仲間の存在も大きかった。彼の名は高萩英樹。本書の第五章「氣空術・合気探求者たちの足跡」にも登場する男だが、彼もまた、実戦打撃武道を三十年以上もやってきたというつわものの一人。自分と同じ経験と「氣空術を会得したい」という真摯な思いを抱く者には、強い共感を抱くものだ。いつしか、高萩さんとはお互いに「拳友」と呼ぶまでの仲になった。その彼から「小磯さん、いつか氣空術の本を書きましょう。そこに自分もぜひ、執筆者として関わりたい」という言葉をもらった。執筆にあたって、こんなに心強い申し出はない。そして、その「いつかは」という思いは次第に強くなり、さらに全国の門下の方からも「ぜひ、本を書いてほしい」という要望もあり、それらに後押しされるかのように「本を書こう！」という思いになった。

ただし、自分はあくまでも氣空術の一門下に過ぎない。本文中にも書いてあるが、もともとのきっかけは「合気」より、衝撃力ある打撃に魅せられて入門した男である。会長をはじめ、他の「合気探求者」の門下の方のように、合気に関心をもって入門したわけではないのだ。初めの頃は「会長のような衝撃力ある打撃を身につけたい」の一念で、合気技には一切、興味がなかった。しかし、「いくらなんでも、氣空術を学ぶ以上、合気技の一つや二つ、完璧にできるようになりたい」と思うようになった。しかし…初めの頃は二方向も二触法もまるでできなかった。稽古で教えてもらったときはできても、自主稽古でそれをやろうとすると一切、できないのだ（ちなみに自主稽古は同じ支部の稽古仲間である紺野さんという人と親しくなり、週に一回、彼の自宅の一角にマットを敷いて二人だけの稽古をするようになった）。

熱心にやっているにもかかわらず、二方向も二触法もなかなかできない。たまにできたりすると、動画を撮って会長にそれを観てもらい、アドバイスをもらったりもした。しかし、継続はまさに力なりで、いつしか一つ、二つとできるようになった。会長に前から言われていたのだ。「大丈夫、大丈夫、焦らなくてもある日、急にできるようになるから」と。やがて、そのレパートリーは増え、氣空術の原理・基本とはこういうものか！　が分かるようになった。前振りが長くなったが、真剣に「本を書こう」と思ったのは、そんな背景もあったのである。だが、まだまだだ。会長の温情で初段はいただいたものの、胸を張って「できる！」というレベルではない。

しかし、それでも本を書こうと思った。平成二十七年の七月頃、夏本番を迎えようという暑い盛りの頃だった。ブログもそれなりの分量になっている。合気探求者たちの記事もある。それを流用して、書き足していけばいい。当初はそんな安易な思いでいた。ところがである、改めて読み直してみると、とても本にできるような内容になっていない。一つには、ブログを書き始めた当時より、自分もそれなりに成長しているのだ。だから、「これでは本にはならない」ことを知って、唖然とした。以来、仕事の合間を縫っては、ほぼ全面的な書き直しの執筆が始まる。重い腰を上げての執筆活動だったが、自分が好きでやっている武術だ。仕事は一応、ライターでもあるので、書くことは苦痛ではない。だから、想像していたよりも筆が進んだ。高萩さんの協力もいただき、それなりの体裁も整ってきた。

こうして産声を上げた本である。ただし、これは「氣空術の技の解説本」では決してない。あくまでも氣空術・一修行者が経験し、感じたことを綴った物語にすぎない。どうか、この点をご了解いただきたい。そしてまた、自分は氣空術・畑村洋数しか知らないが、全国には優れた武道家・武術家の方はみえると思う。達人といわれる術を会得されている方も多いだろう。会長もこういうのだ。
「ブログを読んだ方は畑村という男はとてつもなく凄いと思いませんか(笑)。しかし、私自身、まだまだですし、もし『ここまでできたら最高！』というところがあるとして、それが大学校とします。私はまだ、幼稚園の前の保育園に入る前の段階だと思っています。稽古方法も私の知らないことはまだまだ沢山あると思います。だから、もっと高く大きく目指しましょう！　みなさんとともに！」

そしてこうもいわれた。
「武道の到達点…。一足飛びにその最終境地に至るのはほとんど不可能に近いでしょう。我々がこの境地に向かうためには、やはりまず状況を定めての反復稽古を地道に続けるしかありません。その中で発見を積んでいくのです。この発見の段階では人によってまちまちのアプローチが出てくると思われます。武術における流派の分かれとは、この段階で発生していったものではないでしょうか。けれど方法は異なっても、確実に「本質」に向かってさえいれば、やがてその到達点にたどりつくことができると思います。私たちは『氣空術という方法論』でゴールに向けて歩んでいるんです。」

会長は謙虚にこの言葉を言っているわけではない。本心から言っているのだ。事実、会長の技や動きは二年前に会ったときより、さらに進化している。本人は「私は天才じゃないから」というものの、自分をはじめ、門下の全員が「そうとしか言いようがない」と思っている。ただし、天才だから上達しているというのでは決してない。おそらく門下の誰よりもその探求心と向上心は高いと思う。努力に勝る天才はなしである。自分もそれなりに長年、打撃系格闘技という世界にいたから、努力し、研究工夫しながら人は上達していくことを肌で感じている。そういう意味では、氣空術は会長がいうように「産声を上げたばかり」の武術であるかもしれない。しかしながら、着実に進化しているのは事実だ。会長のみならず、本部高弟をはじめ、各支部の門下も技の恒常性を会得しつつある。

そして…ここが特徴でもあるのだが、氣空術はあくまでも武術。それを学びに集う武道・武術・格闘家が大勢いる。その一方で、未経験者や女性も多く学んでいる。「心と身体で表現する」という氣空術の基本は「武の場」のみならず、日常のさまざまなシーンにも応用することができるのだ。では、その氣空術とは一体、どういうものなのか…。それを読者の方にできる限り伝えたい。そんな思いからこの本を書いた。読んでいただいた方が少しでも氣空術に魅力を感じていただければ、幸いである。

第一章　それは衝撃の体験から始まった

畑村会長との出会い

　今から三年前の話になる。それは冠光寺流・名古屋道場の稽古中のことだった。その前に話はもう少し遡る。中学時代から付き合いのある友人から、こんな話を聞かされていた。

「冠光寺流という合気柔術の指導に畑村さんという人が来ているが、その人の技が凄い」と。

「拳友会」という自流の空手の道場を持つ空手家だが、合気という武術を求めて修行するうちに、独自の術を編み出した人だという。当時、自分は数十年間やってきた打撃系格闘技に「年齢的にこのあたりが限界かな」という思いを抱いていた。

これについては、別に書くとして、とにかく身を引くことを考えていた。だから、武道だ、武術だと聞かされても、やってみるかという気持ちになれなかったのだ。がしかし、それでも友人は会うたびに、畑村さんという空手家の話をしてきた。

彼曰くに、今まで自分が体験した合気系武術とは質が違うというのだ。

この話を聞かされても当時は「なるほど」という程度の関心しか抱かなかった。しかし、友人と会う度に「一度、体験してみろよ」と誘いを受けていた。とにかく凄いという。武道家としても人間的にも素晴らしい人だという。

「見るからに武士という感じの人だよ。それでいて、偉ぶったところも無い人格者。」

そうまで言われると、自分だって、格闘技に人生の半分を捧げてきたような人間だから、興味もわいてくる。そこで一度は体験入門をしてみようという思いになった。こういう場合、体験といえども主宰者には事前の挨拶を入れるのが筋。早速、畑村会長にメールを送ることにした。返信はすぐにきた。そして、そこにはこんな内容が書いてあった。

「はじめまして、畑村です。称賛されるのは有難い話ですが、私はそんなに大それたものじゃありませんよ」と。文面を読んで、なんと謙虚な方なんだろうと思った。武道家にありがちな押しの強さが一切無い。しかし、仕事の都合があったり、他の予定が入ったりでなかなか、スケジュールが合わない。すると、友人は「おまえは打撃系格闘技をやってきたから、畑村さんの著書を読んでみろよ」と一冊の本を紹介してくれた。それが畑村著『謎の空手・氣空術』（海鳴社）だったのである。

自分の読書法はまず初めにすべてのページに目を通して、概略をつかむ。その後でゆっくりと読んでいく。気になるところ、分からないところは何度も読み直す。だいたい、こういうパターンで読んで理解していくのだが…

謎の空手・氣空術

技術総論の章を読んで、頭の中が「？」だらけになった。いや、畑村会長が難解に書いているというのでは決してない。むしろ、それは懇切丁寧に解説されているのだ。たとえば、技のかけ方について書いてある文面がある。

技のかけ方ですが、相手に対して全ての敵意を消し去り、決して「倒してやろう！」とせず、従って相手を愛するが如く、筋力や体重の行使を棄てるのです。

受け技についても同様のことが書いてあった。相手の攻撃を一歩進んで心から受け入れる（はぁ…?)。「そんなことができるか」と思いつつ読んでいたら、こう続けて書いてあった。

ただし、決して「腑抜け」になるのではない。一般に考えられるような脱力で相手に拳や足を当てても、効くわけがない。それが真剣な戦いであればあるほど、かえって相手の怒りを買い、ボコボコにされるのがオチ。

それはまったく、そのとおりだ…。このあたりは非常に納得できる。しかし、前述の「相手を愛するが如く、筋力・体重行使を棄てる」というのが腑に落ちない。そんな状態でアドレナリン全開の格闘モードで向かってくる相手に対して対応するなんて、できるものかと。

これはやはり、実戦を知らない武術名人の範疇ではないか。失礼ながら、そんな疑問すら抱いた。がしかし、会長は長年、空手を修錬されてきた武道家。武道の究極奥義には、そういう世界もあるのだろうかという興味も同時に抱いた。

さらに、本には炭粉さんという、フルコンタクト空手の猛者である方の寄稿もあった。その一部を簡略化して記載する。

今までさまざまな武道・武術家の方々の打撃法による突きをこの身の中段（胸や腹）に試してい

ただいた。それらの突きは各々に皆、素晴らしい威力があった。単に筋力や体重由来ではありえない、不思議なその威力…けれども、それらはその威力の故に「くる」と分かってさえいれば耐えることができた。（頭部や顔面などに打撃を受けて脳を揺らされた場合は別）

骨が折れようが内臓が破裂しようが、鍛え抜いた人間なら、しばらくの間は精神力で立っていることは可能なのだ。また、吹っ飛ばされることはあっても、それだけでは倒れない。しかし、氣空術の突きは打たれる用意をしようがしまいが、無条件に完全に倒されてしまう。

初めて氣空術の突きをくらって、床に叩きつけられた炭粉さんは驚愕しながら、畑村会長に訊ねた。

「どうやって打っているのか」と。すると、こんな答えが返ってきた。

「力を入れずに相手のことを受け入れ、愛するように」…

威力ある技はその威力故に、耐えられる。威力なき技はそれ故に、耐えられる対象がない。

これを読んで、「本当にそんな突きがあるのか」と俄然、興味がわいてきた。それって、いったいどんな突きだ？　できるなら、身をもってそれを体験してみたい。そんな思いから、氣空術への関心がフツフツと湧いてきた。

想定外の突きの威力を味わう

そして、話は序章に戻る。名古屋市内のあるスポーツセンターの武道場。トレーニングウェア持参で訪ねてみると、そこには会長が門下の一人に技を教えているところだった。近寄って、挨拶をすると「どもども、初めまして～　畑村です！」となんとも気さくな挨拶が返ってきた。朗らかで底抜けなまでに明るい雰囲気。あたかもそこにいる全ての人を包み込むかのような雰囲気を持った人だった。しかし、空手着が実に様になっている。身長は自分より低いが、見るからに骨太でがっしりした体型。

今、思えば失礼極まりない話になるが、その初対面の会長に「突きを体験したいのですが…」といきなり頼んだ。本来、武道・武術の場において、このようなことを頼むのは非礼だ。師から技を伝授してもらう、それはあくまで門下となってからの話だから。当時を振り返ると、汗顔の至りだが、そのときはそこまで考える余裕が無かった。案の定、会長の顔は一瞬にして曇った。そしてこう言われた。「今、打つと身体が固いから、骨が折れるよ」と。

失礼なことを言ってしまったなという思いと同時に、脇腹を打たれるならともかく、骨が折れることなんてないだろうと思った。長年、打撃系格闘技をやってきたから、それなりに打撃耐性はある。筋肉の薄い個所を打たれるならともかく、それ以外の腹筋や大胸筋を打たれる程度なら、耐えられるという自信があったのだ。

やがて、稽古が始まった。前述したように、その場は「冠光寺流・名古屋」の稽古だから、氣空術は行われない。合気柔術の基本的な技を相手を替えながら繰り返していた。そして稽古してしばらくのこと、会長が近寄って来られ、「だいぶ、柔らかくなってきたね。今ならいいでしょう」という。いいでしょうとは、打ってもいいでしょうということだ。「よ〜し、どんな打撃が来るか、楽しみ」と思った。

「じゃ、やりますよ」会長の言葉に、全身に力を入れて身構えた。

最近は鍛えていないといっても、腹や胸なら、平気だ。耐えられる。そう思っていたのだが…打たれた瞬間、ソフトボールより大きい鉛球が胸の中をぶち抜けていくような衝撃がきた！

「ぐはっ！」と声が出て、吹っ飛ばされた。殴られて倒れたという感覚でもない。

拳が貫通するかのような衝撃で、身体ごと吹っ飛ばされたという感じだった。

「なんだ、これ!?」…今までさまざまな打撃を身をもって体験してきた。しかし、会長の突きを受けた感覚はそれらのどれとも違う。先にも書いたように、かなり威力ある打撃でも来ると分かってさえいれば、ある程度は耐えられる。まさに想定外の突きだったのだ。

しかも、軽く打っているというから余計に驚いた。なおかつ、筋力でも身体の回転運動による打ちでもないという。ちなみにこのとき、打たれた感触は本に書かれていたような「威力なき技」どころではなかった。一瞬、「アバラ、折れたかな」というぐらいの衝撃。

氣空術、一体それはなんだ！　自分の中に俄然と興味がわいてきた瞬間だった。

打撃系格闘技に捧げた青春

ちなみに自分のプロフィールを少しだけ、述べておく。「徹底して修行してきた」という方に比べられたら、恐縮ではあるが、高校時代は伝統派の空手を学んでいた。その後、キックボクシングに転向し、プロとしてリングにも上がった（弱かったので、戦績は恥ずかしくて書けないが）。引退後、広告代理店に入社し、広島に赴任。ここでボクシングを八年間、学ぶ。強打者を育成する名門として名のあるこのジムでは、「キックをやっていた」というだけで、「なら、ウチの選手の練習に付き合ってくれ」と、試合があるたびにプロ選手たちとスパーリングをさせられた。二十代後半でまだまだ体力に自信があったし、パンチで打ち合うという打撃に特化した格闘技をこの身で体験したかったのだ。グローブ装着でパンチのみの攻防をするなら、ボクシングほど洗練された技術はないと思う。オフェンスもディフェンスも、あそこまで徹底したテクニックを有する格闘技は他に見当たらないと…。事実、初めのうちはランカークラスの選手とスパーリングをやると、たこ殴りにされた。まともにカウンターをくらって昏倒したこともあれば、レバーを打たれて悶絶したこともある。鼻っ柱にまともにパンチをもらい、鼻血が水道の蛇口をひねったかのごとく溢れ出たこともあった。

若くて、勢いもあったとはいえ、毎日のように打たれっぱなしではたまらない。しかも、当時は広告代理店の営業をしていたのだ。

目の周りに青タン作って、得意先を訪ねていけば当然のごとく、ギョッとした顔をされる。そこで、ジムの会長に改めて「ディフェンスを身につけたい」と頼んだ。ボクシングを知らない方のために書いておくが、グローブで打たれる衝撃は素手で打たれるよりもはるかに大きい。素手で殴られれば、眼底骨折やアゴの骨が折れることもある。しかし、アドレナリン全開で闘っていれば、そんなダメージすら気付かずに立っていられる。ところがグローブで殴られると、それが顎なり、テンプルにまともに入れば足にくる。グローブの衝撃は脳震盪を起こす。打たれまくって前傾姿勢でブロックしようとしても、サイドに入られて右脇腹を打たれようものなら、悶絶しそうな苦しみに襲われる。グローブは打撃系格闘家に装着させれば、それだけで一つの凶器になるのだ。空手からキックに移った際も同じ体験はしてきたが、キックならパンチの得意な相手でも、組んで膝蹴りという対処法がある。しかし、ボクシングではそれが認められない。打たれるのが嫌なら、巧みにクリンチワークすればいいのだが、性格的にそれをする気にもなれない。

そこで、選手でもないのに毎日のようにジムでディフェンスを指導してもらった。その甲斐あって、数カ月後にはランカーのボクサーともスパーリングができるようになった。一時はプロを勧められたこともあったが、仕事の都合もあり、断念した。八年間過ごした広島でのボクシングは、自分の青春のライフワークだったと思う。

その後、仕事の都合で名古屋に戻り、古巣のキックボクシング・ジムでコーチとして指導にあたることになった。「いつかは、ここからチャンピオンを育てたい」…。今にして思えば、本当に情熱を懸けて選手を指導する毎日だった。そして選手もまた、それに応えてくれた。試合が決まれば文字通り、ぶっ倒れるまでの猛練習。しかし、鍛えに鍛えぬいた世界の向こう側には、必ず大きな栄光があると自分も選手も信じて疑わなかった。信念のかたまりのような熱意と練習は数年後に成就した。ジム初めてのチャンピオン誕生。リング上で選手が燦然と輝くベルトを巻いたとき、万感の思いがこみ上げたことをいまだに覚えている。

キックボクシングの指導は、三十代から五十代前半まで続いた。チャンピオンも都合、四名の輩出に関わった。がしかし、五十代過ぎてからは徐々に情熱が冷めていった。体力の衰えも痛感せずにはいられなかった。さらに、その追い打ちをかけるかのように病気まで併発した。「このあたりが潮時かな…。」自分の場合、こうと決めたら行動も早い。多少、後ろ髪を引かれる思いはあったものの、数十年にわたる格闘技人生にピリオドをつけたのが平成二十五年の十一月のことだった。

第二章　氣空術入門

ここで話は会長との出会いに戻る。冠光寺流・名古屋の稽古半ばに、会長のとてつもない突きをくらった自分は、氣空術という名前すら聞いたこともない武術に俄然と興味がわいた。当時、会長は六十一歳。「筋力を使わない身体操作の術がある」ことを、この身で体験して以来、日ごとに氣空術への関心が高まっていった。「あの突きは一体、どういう体の使い方をすればできるようになるのだろう。」そんな思いが沸々とわいてくるにしたがい、再び、武術の世界に足を踏み入れようという気持ちになった。

しかし、氣空術は神戸にしかない。ホームページを見たら、毎週、金曜日しかやっていないと書いてある（月曜日は「やすらぎの道場の後に、氣空術が行われる）。「こうなったら、月一回でもいいから、本部道場に足を運ぶか」とまで考えた。そんな思いの数々を会長にメールしたところ、こんな返信をいただいた。

「氣空術に関心を持っていただき、有難うございます！　しかし、小磯さんが思われるほど、私は達人のような人間ではありません。まだまだ、修行中の身なのです。また、本部に入門されたいとのこと、嬉しいお話ではありますが、それだと経済的にも大変ですよね。もし、ともに稽古をしたいという お仲間が集まるようでしたら、氣空術の名古屋支部を作るのはいかがでしょう。」

それは思ってもいない申し出だった。月一回でもいい、会長に名古屋に来ていただけるなら、後は週一ぐらいで自主稽古ができるようにすればいい。即座にそう思った自分は再度、メールを送った。

「次回、名古屋に来られる際、氣空術の原理・基本的なことを教えていただけないでしょうか」と。

すると、このメールにもクイックレスポンスがきた。

「今度は、あくまでも冠光寺流・名古屋の指導で伺います。なので、その稽古前、少し早めにお会いすることにしませんか。」

願ってもない話である。その日が来るのを待ちわびるかのような日が続いた。

氣空術を体験する

そして当日。平成二十五年の二月のことだ。そこは名古屋市内のとあるスポーツセンターの武道場。所定の時間より早めに着いた自分は、畑村会長が来られるのを静かに待っていた。待機していたのは武道場の玄関前。定刻の時間どおりに会長が颯爽と現れた。このときのシーン、今でも心に残っている。玄関の扉を開けたと同時に、西日が入ってくる。その西日を背中に背負うかのような会長の登場に、太陽が輝くかのようなイメージが伝わってきた。そして、挨拶する間もなく「じゃあ、早速やりますか～」という。（会長の「思い立ったら、即行動！」という気質は今も変わらない。自分も行動が早いほうだけれど、会長はそれ以上だ。）

そんな会長から、まず氣空術の基本的な原理、考えを伺った。それは本にも書いてあったことだが、「話を聞くだけでは解りづらいでしょ。だから実際にやってみましょう」ということになったのである。

「氣空術は全て自然な体の使い方。まずはこんな感じ」といきなり、右手首をとられたと思ったら、身体ごと崩された！

「はい、起きましょう（笑）」と元の体勢に戻され、今度は逆の方向に崩される…。突きの衝撃力にも驚かされたが、これには別の感覚で驚かされた。崩されたにもかかわらず、痛くないのだ。関節を決められているのでもない。

自分の手首に会長の手がピタッと吸い付いてくるかのように崩されてしまう。

「筋力は一切、使ってないですよ。皮膚に接触させるだけ」と言われるものの、不思議でならない。

「ならば」と、こちらもそれを断ち切る意識で畑村会長をとらえようとしたところ…やはり、瞬時にとられて崩されてしまう。

「氣空術の基本で二方向という技術もあるんです。」

今度は軽く突きを当てられたら、腰からグシャッ！　とつぶされた。今までいろいろな格闘技や武道の技をかけられてきたけれど、こんな感じの体験は初めてだった。「なんで、こんなことになるんだ？」と、不思議でならなかった。

よく技を試すのに「私の右手を持ってください」とか、「突いてきてください」というのがあるが、そういう約束事のような形でやるのとはまるで違う。どう対応しようが全て通用しないうえに、摩訶不思議な氣空術の技でいいようにあしらわれてしまう。

「これは駄目だ…」もう、途中で諦めてしまった。このとき、下は畳ではなかったので、本気の技をかけられたら、自分はとんでもないことになっていたと思う。そのあたりの感覚は「実際に闘うことをしてきたら分かる。

力と力の衝突ではない

次から次へとかけられる投げや崩しを受けながら、頭の中はクエスチョンマークでいっぱいになってしまった。そんな自分の心境が分かったのだろう。会長が笑顔で「力対力でぶつかると、『なにくそ』という気持ちになるでしょ。でも、力を使わずに相手の動きに同調させると、反発心も起こらないんです」と言われた。確かにそんな気持ちは起こらない。技をかけられながら、あたかも自分が勝手に動いているという感じなのだ。だから、対抗するどころか、むしろ投げられたり、崩されたりするのが楽しいのだ。

この感覚は会長の著書にも書いてある。

敵意なき攻撃技や受け技は、相手との接触時に結び（独特の粘着感）を生み、その相手との一体感を得ます。

長年の格闘技経験のもと、打撃系ではなく、柔道をはじめとする組技系武道や総合格闘技の投げや崩しを受けたこともある。しかし、畑村会長の使う技はそれらのいずれとも違う感覚があった。言葉に例えるのは難しいのだが、あたかも自分のエネルギーごと、引っこ抜かれるかのような感覚。動きの全てを封じられ、会長の誘うがままに、自在に操られる我が身…。もはや、抵抗する気力すら奪われた。自分にしてみれば、未知の技のオンパレードである。一体、どうしたらこういう技ができるんだ？もっと、いろいろ教えてほしい、聞かせてほしい。心の底から興味・関心がわいてきた。しかし、冠光寺流の稽古時間が迫ってきたため、また後でということになった。

そして、二度目の会長が師範として指導する冠光寺流の稽古に参加。もともとが「衝撃的な突き技」に関心を抱いて入門をしたわけだから、正直、合気柔術の技にはさほどの興味は惹かれなかった。結局のところ、「自分は打撃系が好きなんだ」と、改めて思ったりもした。そんな心境でいるから、基本の合気技が面白くない。他の門下生が楽しそうに稽古していても、「あれが果たして、実際の場面に使えるんだろうか」という猜疑心も抱いていた。失礼極まりない言葉になるが、さきほど受けた会長の技とのギャップが大きすぎるのだ。

ラポールではなかった

それでも皆、互いに投げたり、投げられたりしている。敢えてそのときの自分の本音を白状すると、「これって、集団自己暗示みたいなものじゃないか?」という疑問がわいた。あるいは心理学でいうラポールみたいなもの。

会長って、素晴らしい！　氣空術はすごい！　そんな意識がその場に入り込み、楽しさのあまり、技にかかりやすくなるのではないかと懐疑的になったのだ。もっと不遜なことを白状すると、ある人から技をかけられた際、意識的に「かかるまい」とした。

するとどうなったか…。技が全然、かからなかったのだ。そんなことが何度かあるうちに、「あの技は畑村という天才肌の人にしかできないのではないか」という思いも募ってきた。

ところが、おそらく会長はそんな自分の心境を見抜いていたのだろう。

「ちょっと、こちらに来ていただけますか」と、さきほど稽古していた人と自分が道場の中央に呼ばれた。

そこでもう一度、同じ技を指導されたのだ。ただし、今度は会長がその方に介添えをして…。すると、あっけなく崩された。

それも一度だけでなく、二度も三度も。さらに会長は一人の女性を呼んだ。

稽古に参加するのはその日が初めてという方である。

「小磯さん、今度は相手の両手をつかんでください」

そう言われて、彼女の両手首を痛くない程度にやんわりと握った。そこで会長がその女性に、あることをイメージしながら、手を自分の頬に持ってくるようにと指示した。

すると、今度も同じように崩された！　技をかけられた自分も驚いたけど、かけた女性もあっけにとられていた。

嘘、信じられない…という感じで。信じられないというのは、俺だってそうだ…（笑）

そんな自分たちに会長は「もう一度やってください、できますから」という。

ならばと、今度は力を入れて握った。自分は細いけれど、人並み以上の膂力はある。「これなら、絶対に崩されまい」と、がっしりとつかんだ。それも臍下丹田に意識を落とした万全の態勢で。ところが今回も同様に崩されてしまう。耐えるというか、そんな状態になれない。踏ん張ろうが何しようが、ものの見事に崩されて倒される。ここに至って、初めて氣空術の技（というか動き）を信じざるをえなくなった。演武的な技でもなんでもない。間違いなく、かかる技というものがここにあると。

そんな自分の心を見透かしたかのように会長が言った。

「最初は半信半疑だったでしょう。でも、これで本当だということが少しは分かってくれましたか？」

そして、こうも言われた。

「力じゃないんです。力は入れずに出す。それと、『何とかしてやろう』という気持ちを捨てる。それで氣空術の技はできる」

今でこそ、その意味は十分に理解しているのだが、当時は何を言っているのかまるで分らなかった。さらにこうも言われた。

「小磯さんは長年、打撃をやってきたから、反応が速い。だから、かかりやすいんですよ」と。

速く反応できるからこそ、対処できるのが技であり、防御だと思っていたのに、真逆の話である。会長の言わんとすることは分かるものの、言われること全てが疑問だらけで胸落ちしてこない。しかも、その技は神秘でも秘術でも何でもなく、理にかなった動きだというのだ。

自分が今まで培ってきた格闘技の技術とは何か根本的に質が違うのである。

こうなったら、何がなんでも氣空術を学びたい。その思いが強くなるにつれ、「氣空術・名古屋支部を立ち上げたい」という気持ちがさらに高まった。会長からも「協力は惜しみません。名古屋にも支部を作りましょう」という心強い言葉をいただいた。嬉しい話である。年齢が五十半ばにもなると、そうワクワクするようなことなんて無いのに、また、新しい何かが始まろうとしている。稽古後、胸弾ませながら、これからのことを考える自分がいた。

合気上げ

「謎の空手・氣空術」にも紹介されている合気上げ。これは結び（合気）を会得するうえで氣空術の基本稽古にもなっている。

お互いに正座して向かい合う。そのうえで片方は両手で相手の両手首をしっかりと握り、押さえつける。それをされた側が相手の腕なり、腰なりを上げるという稽古（氣空術ではつかんできた相手を立ち上がらせてしまう）。しかし、自分は長い間、この合気上げについては懐疑的だった。「実戦でこんな形で向かい合うことないだろ」と思っていたからだ。

断っておくが、合気系柔術を馬鹿にしているわけではない。お会いしたことはないが、大東流合気武術の達人・佐川幸義宗範の話は真実だと思うし、養神館を立ち上げた塩田剛三先生は動画を観ただけでも、その凄さが分かる。お二人ともまさに「不世出の達人」。

しかし、自分が格闘技時代、一時的に稽古していた合気系柔術の「合気上げ」については納得できなかった。「合気を体得するうえでこの稽古が大切なんです」と言われたものの、そこでやっていた合気上げは、つかまれた相手の腕を上げるだけ。「こんな稽古で合気をつかむことができるのだろうか」という思いがいつも離れなかった。

合気上げ初体験をしたものの…

そんな背景があったから、合気上げについては会長から「氣空術でも大切な基本の一つ」といわれても、ピンとこなかったのである。実際、こんなこともあった。氣空術・名古屋支部がスタートする前の話である。この場でも合気上げの稽古が行われたので、体格のいい人と組んだ。すると、それなりに合気上げができてしまった。ただし、このときの身体の使い方はというと、つかまれた両手は握らない。

手の指を上に向けて、脇を締めて自分の腰中心部から上げるというやり方をしたのだ。

それを見た古くから稽古をしている方が「ああ、それではベクトル使いになっています」といわれた。「肩の力は入れません。自分が気持ち良くなって、ただ、差し上げるだけでいいんです」と。そういうなら、実際に自分を上げてほしい。むきになって思ったのではなく、純粋に「合気」というものを合気上げで体感したかったのだ。そこでその人に合気上げをしてもらった。

押さえるこちらは単に馬鹿力で相手手首を握るだけではなく、丹田に意識を落としながら、握るというより締めるような感じで押さえてみた。すると、上がらない。何度やっても同じことなので、今度は黒帯の方に代わってもらったが、これもまた、かからない。

かろうじて、両手が多少上がる程度。「なんだ、結局、この稽古で合気がかかるなんてないんだ」と思ってしまった。自分は基本稽古とはいえ『慣れ合い稽古』をする気にはなれない。そんなものは単なる座敷芸、畳水練に過ぎないと思うからだ。なので、相手に合わせて上げられる、投げられるなんて絶対にするものかと思っていた。

ところがしかし、次の会長の指導でそれまでの合気上げの印象を覆す、驚異的な体験をさせられたのである。

心で上げる合気上げ

合気上げの印象を覆す体験…。それは古参の方と交替して、友人と二人で合気上げをやっていたときのことだ。稽古中だというのに、友人にこう言ったことを覚えている。

「俺は合気上げなんてないと思う。模範演武で見せているのはあくまでも『受け手の協力』あってのものだ。」

そう言って、試しに俺を合気上げしてみろと挑んだのだ。友人は自分よりはるかに非力だし、腕力も無い。それを知っているから彼も「無理だよ、おまえ相手では」と弱気だった。実際、やってみると、友人の両手はびくともしない。

しかし、彼は一時期、数年間にわたって、ある合気系柔術を学んでいたのだ。それなりに合気技を知っている彼は「この程度のことはできるぞ」と、中途半端な合気上げを返してきた。中途半端とはいえ、俄然と対抗意識が燃えた。素人に毛が生えた程度の友人に返されたからだ。「よーし、それならば」と、より強く押さえつけた。こうなると会長がいう稽古じゃない。単に力対力のぶつかり合いになる。

おそらく、そんな我々を見るに見かねたのだろう。会長が笑いながら寄って来られ、「ちょっと、押さえる側を変えてみましょう」という。そして今度は自分が合気上げをする側になった。会長から言われたのは、少し姿勢を変えること、両手の力を完全に捨て去ることだった。そのうえでこんなアドバイスをもらった。

「小磯さん、顔を上げてお母さんのことを思い浮かべてください。それで単に両手を上げる。それだけをやってみて。」

すると、なんということか！　友人の身体は手が上がるどころか、立ち上がってしまったのだ。それもなんの抵抗もなく…！　上げられた友人は驚愕していた。続いて会長が

「今度は家族や友人・知人全ての顔を思い浮かべて、心から有難う！　と思ってみてください。はい、手を上げて…。」

今回もなんなく上がる。本当に力は一切、入れていないのだ。にもかかわらず、友人の体があたかもクレーンで吊り上げられたかのような感じで立ち上がってしまう。

「おまえ、本気に力を入れているか」と聞いたら、「全力で力を入れている」という。しかし、その感覚すらない。回を重ねるごとに、一切の抵抗なく友人の身体が上がってしまう。会長の著書に掲載されていた合気上げの写真のように。

ちなみに、このときの自分の意識はどうだったかというと、「上げてやる」とか「この両手を何とかしてやる」という気持ちは何一つとしてなかった。ただ、会長の言われたとおりにイメージしただけ。合気上げを真っ向から否定していた自分なのにできた…。ここで初めて会長からこういわれた。

「ねっ、できるでしょ！　合気上げ、それは身体だけを使うんじゃない。心も使う。合気上げをする技術もあるけど、今、教えたのは心と身体を使う方法。それが氣空術の根本原理なんですよ。」

心と身体を使う術…その言葉が深く胸に残った。このとき以来、自分は会う人ごとにこの合気上げを試させてもらうことになる。

第三章　氣空術・その技

氣空術・名古屋支部が始まる前のこと。会長が言われる「氣空術の技に秘伝も神秘性もなにもない。あくまで自然な心と身体の使い方」というものをより深く感じ取りたいと思った自分は、神戸にある本部道場の稽古に参加させてもらった。平成二十六年三月のことだ。稽古時間は午後七時から行われるのだが、その一時間前から会長と桃塚さんの特別稽古が行われる。

「わざわざ、来てくれるのだから、特別稽古の時間にお越しください」という畑村会長の好意に喜んで甘えさせていただくことにした。

剛の突き・柔の突き

神戸まで出向いた目的の一つに「氣空術の突きを学ぶ」ことがあった。どんなに力を入れて踏ん張っていても、耐えようのない衝撃の突き。今までいろいろな打撃を受けてきたけれど、あのような突きはなかった。打撃系格闘技をやってきた自分にしてみれば、これは魅力である。この身で受けながら、あのとんでもない衝撃力のある突きを身につけたいと。自分の要望を快く受けてくれた会長がその突きを披露してくれた。

「じゃあ、行きますよ。まずは剛の突き。」

大胸筋に力を入れていたにもかかわらず、ドッカーンときた！　同時に、前回と同じく鉛玉が貫通するかのごとくの勢いで吹っ飛ばされた。初めてのときと同様、凄い衝撃力。ちなみに、氣空術の突きは基本的に無痛だと会長はいうが、今回も右のアバラに痛みが走った。それなりに鍛え抜いてきたこの体、「そんなヤワなもんじゃないはずだが…」と思いつつ立ち上がったら、「今度は柔の突きを打つね」といわれた。

今となっては笑い話だが、このとき、会長のいう「剛の突き・柔の突き」を「五の突き・十の突き」と勘違いした。「五の突きであんな衝撃が来るんなら、十で打たれたらひとたまりもない」と思ったのである。こっちはまだ、アバラが痛む。同じところをやられたら、完全に折れると思い、腹を打ってもらうことにした。腹筋を引き締めて、臍下丹田に意識を集中する…

今までなら、どんな突きでもこれで耐えられた。ところがまたしても、とてつもない質量の衝撃がきて、声を上げて倒れた。どうやって打てば、こんなことになるのか…。立ち上がった自分に「もう一度、やってみましょう」と声をかけられたけど、あまりにもアバラが痛くて勘弁してもらった。ちなみに二度目の柔の突き、これも衝撃力はあったものの、最初に受けた剛の突きのようなダメージが無い。これが氣空術の「無痛の突き」（二方向による突き）だったのである。

氣空術の本部道場には、全国各地から多くの方が訪れているそうで、武道経験者は同様に、会長の突きを所望してくるらしい。しかし、会長曰く、「私は一度たりとて、本気で打ったことがないんですよ」とのこと。本気で突くということは、その打撃技を相手に教えることに等しいからだそうだ。打たれて吹っ飛ばされるのだから、衝撃で驚くだけで修得できるどころではないと思うのだが…。

以降、氣空術の突きに魅了された自分は会長に頼み込んで、教授してもらうことになる。その都度ごとの進捗度に応じて、電話やメール、あるいは道場で直接教えていただいた。おかげで、それなりの感覚はつかめてきたものの、会長のような突きには遠く及ばない。さらに、その突きは「剛、柔」のみならず、縦方向への突き、下方向への突き、回転する突きとさまざまなバリエーションがある。縦に突かれたときは本当に上へ飛ぶような勢いで飛ばされ、下に突かれたときは斜め真下に落とされるように飛ばされる（蹴り技も多彩なものがあり、衝撃力もある。ただし、氣空術では現在、打撃技は滅多に行われない。「まず、基本をしっかり体得してからでないと、正しく体得できない」というのがその理由だ）。

初合気上げを体験する

先にも書いたように、稽古前の一時間は会長と桃塚さんの二人で行われる技の研究時間帯。特別なはからいで参加させていただくことになった自分に、桃塚さんが「まずは合気上げからやってみましょうか」と、声をかけてくれた。

『続　謎の空手・氣空術』にも紹介されていた桃塚さん。氣空術の稽古を初めてやる人は皆、固い。でも、桃塚さんと稽古すると、途端に柔らかい動きができるようになると書かれていた方だ。ワクワクするような思いで合気上げに臨んだ。

ところが、上がらない！　今まで数名とはいえ、心で上げる合気上げをできたのに…。戸惑う自分に桃塚さんがこんなアドバイスをくれた。

「小磯さん、今のが四の力だとすると、一の力でいいんです。」再度、挑戦。…しかし、上がらない。なぜだ…？

いぶかる自分に桃塚さんが「いま、私がつかんだ瞬間、腕に力が入りましたよ。腕は動かさずにそのままで。上げようなんて思わずに、無か愛の気持ちになっていただくといいです」。

いわれたとおりにしたところ、桃塚さんが「うん、上がる！」と言われ、その瞬間にフワッと上げることができた！　嬉しかった。桃塚さんを上げることができて。「上げてやった」ではなく、「有難うございました！」という感謝の喜び。その後、何度も合気上げをした。むろん、全て成功したわけではない。途中、いきなりできなくなることもあった。

そんなとき、桃塚さんは「なぜ、上がらなかったか」を的確に教えてくださり、自分はそれを心と身体で感じながらやってみた。すると、回数を重ねるたびに軽快に上げられるようになった。すると、自分でも分かる。身体が柔らかくほぐれていくのが。それは身体が心と調和されていくかのような感覚だった。

同時に自分も合気上げをしてもらった。今まで人に上げられたことがなかったので、ぜひ、その感覚を体験したかったのだ。桃塚さんの両手を力の限り押さえたら…問答無用で上げられた。全力で押さえているのに、なんなく立たされてしまう。

「これが本当の合気上げか！」…それはもう、心から感動した。その後、何度も上げてもらったが、楽に上げられる。途中で笑えてきた。なんと表現したらいいものか…桃塚さんと自分の意識が瞬時につながったような感じなのだ。それが楽しくてならない。傍で見ていた会長も「ね、笑えてくるでしょ」と満面の笑顔。

技の再現性

合気をかけるとは「結び」を作ること。結びとは、相手に接触した段階でその相手と一体になってしまうことだと『謎の空手・氣空術』に書いてあった。この結びを作るために必要なのが「圧」。たとえば、相手の胸に自分の手の平を当てると、ほんのわずかな接触状態にもかかわらず相手が押し返してくる。そんな微妙な圧で、結び（合気）をかける。すると、相手は固まってしまう。それは会長曰く「ガラス細工のように固いが、崩れやすい状態になるから、こちらはあらゆる技を使えるようになる」。しかし、その際、少しでも力が入ると結びが解け、相手の意識が瞬時に反応して「力対力」になるので力は一切入れない。これが氣空術の技の原理だ。

正直なところ、実際にその技を行使するのは非常に難しい。しかし、会長は「秘伝でも神秘でもない。理合さえ分かれば、誰でもできる」と、こともなげにいう。では、その理合をつかんでいる門下の方々は大半がそれができるのか…武道・武術の世界、達人は確かに存在する。しかし、その優れた技が弟子にも継承されているかというと、それはまた別問題だからだ。本部道場を訪ねた目的はそこにもあった。

桃塚さんとのマンツーマンの稽古の後、次々に本部の門下の方が道場に入ってくる。そこで紹介されたのが『謎の空手』にも登場する、紅一点の岸川さんだった（写真やＤＶＤでは見ていたが、本人はそれ以上に美人で可愛らしい方だった)。その岸川さんと「くっつく手の平」、「手の平感覚を養う」、「重みは真下」などの基本稽古を一通り行った後、技をかけてもらったのだが、長年、空手をされてきた方とはいえ、やはり、女性。見た目も優しい雰囲気だし、特にパワフルなイメージもないから、力で対抗するのは最初、気が引けた。いくらなんでも無理だろうと思って。

ところが初めの技をかけられたとき、まるで無抵抗で投げられたのだ。油断したかと、気持ちを引き締めて向かったものの、同様に投げ倒される。そこで今度こそはと、会長に「力で抵抗していいですか」と確認した。

「いいですよ」という会長の了承を得て、力いっぱい岸川さんの襟元を握った。しかし、それでも投げられた。それ以降、何度も全力で構えて対抗したものの、あらゆる技で崩され、投げられた。柔道のように投げられるのではなく、こちらの意識をスパッと、引っこ抜かれるかのような感じだった。

他にも後ろから力いっぱい抱きついたら、ちょっと動かれただけで倒されたり…。知らない人がこの有様を見ていたら、やらせだと思っただろう。我ながら「見事なまでに投げられ、崩されているなあ」と思ったから。

最終的に平衡感覚がおかしくなるぐらいやられたけれど、どういうわけか、不快感はない。その逆なのだ。投げられて気持ちいいし、笑えてくる。耐えよう、堪えようという意識以前にやられるから、

「なにくそ…」という力のぶつかり合いがまるでないのだ。ちなみに、岸川さんからは「技をかけよう」という意識は一つも感じられなかった。まさに、本に書いてあった自己放棄。合気技をかけられることでわけの分からないうちに崩され、投げられる。

しかも、ダメージが一切ない！　あたかも自分の身体が勝手に反応して、勝手に動いているという不思議な感覚。今まで自分がやってきた格闘技の打ち合い、蹴り合いとは次元の違う世界を感じさせられた。むろん、自分は彼女に対して本気の打撃を見舞ったわけではない。立った状態でいくつかの技をかけられただけだ。しかし、それだけでも氣空術の「技の再現性」があることを感じることができたから、十分に満足できる稽古だった。

その後、本部道場の稽古には数回参加して、岸川さんの技を体感しているが、氣空術の基本の一つである「止まらずに、動き続ける」を身をもって体験している。男性にはない、女性ならではのしなやかさ。そして、彼女が持つ柔らかな優しさ。それこそが会長が言われる愛魂だと思うのだ。本人は「私なんか、まだまだです。力が入るし、やってやろうも出てしまう」と謙遜するのだが。

氣空術の技とその動き

氣空術には技の名称というものがない。本やＤＶＤではそれなりの名称はあるが、実はこれすらも「技の名前がないと、説明しづらい」ということで急きょ、名称をつけたと会長はいう。基本的には「二方向」、「二触法」など名称があるが、これも技の行使はそのときどきによって、千変万化する。考えてみれば、当たり前なのだが、対・人の攻防を思えば相手はありとあらゆる打撃技なり、組技なりを駆使して攻撃してくる。実際の場で「今から右のパンチを打ちますよ」なんてことはあり得ないのだ。だから、二方向、二触法をはじめとする術も一つとして固定されてはいない。相手の動きやその場の状況に応じて、瞬時に変えていくのが氣空術の技。とはいえ、こんなことを書いていたら、氣空術という武術そのものが分からない。技や体の使い方については『謎の空手・氣空術』、『続 謎の空手・氣空術』に記載されているのでここでは省略するが、その技・動きはどういうものかを自分が体験し、知識を得た限りで書くことにする（技の解説ではないので、ご了承のほどを。なにしろ、これを書いている本人がまだまだ、未熟なのだ）。

虚実と二触法

まず、虚実とは何かについての説明を…。会長の本によると、もともとは東洋医術の言葉だったそうだ。本でこの部分を読んだときは、「打撃の攻防における相手の意表をつく（フェイント）こと」がそれかなと思っていた。たとえばオーソドックスの場合、相手の顔面に左のパンチを打つ。強く打たなくても、バチン！ という軽い打撃でいい。これで相手の意識は顔にいく。そこですかさず、右のローキックを相手の左太ももに向けて蹴り込む。意識していないところに攻撃がくるから効くのだ、これが。打撃系武道・格闘技ではフェイントのみにとどまらない。対角線上の攻撃のように、拳撃や蹴りを散らしながら攻めることで、相手の防御を突破していく方法もある。

たとえば、右ローキックから左ハイキック、あるいは左フックから右ミドルキックに続けて次の打撃など、攻撃技が対角線になるように攻める。次々に攻撃を散らされると、集中力も反応も遅れる。対処法もあるが、初心者がこれをやられると防ぎようがなくなる。

つまり、向かい合う相手の意識を散らすのが「虚」で実弾をぶち込むのが「実」。そう思っていたのだが、氣空術でいう虚実は質の違うものであることが分ってきた。その一つが二触法。

簡単に紹介すると…両手で相手の身体の異なる場所に触れ、片方を軽く、片方を強く（軽く・強くとはいえ、触れられた感覚は相手には分からないぐらい）触れる。それによって相手の心に〈接触された場所に対する意識の濃淡〉を生じさせる。これをやられると意識のバランスが見事に崩れる。脳がパニックを起こすというか、反応のしようがないのだ。というより、相手が反応できないところにかけるのが氣空術の技。打撃系は長年、やってきたから、通常でいう虚実ならある程度、「くる」と予測がつくし、対応もできる。しかし、初めて畑村会長にこれをやられたとき、何がなんだか分からなかった。

名古屋支部がスタートして間もない頃の話。稽古後、東京から来られた方との懇親会の場でもこんなことがあった。その席で、武道・格闘技未経験の女性が「難しくて、なかなかできないです～」と困惑していた。会長はこんな声を聞くと、放っておけない。

「じゃあ、ちょっと小磯さんにかけてみて」といわれた。

そして立った自分の左肩に会長がごく軽く手を置いた。

「これで何をやっても効くから、試しに小磯さんの腹を打ってごらん。」

非力で経験もない女性の突きだ。いくらなんでもこれは無理だろうと思っていたら、打たれた瞬間に「うっ！」と声を上げて真下に突き落とされた。稽古で何度も会長のかける技の見本相手になっているので、ある程度の予測はしていたものの、これには驚いた。か細くて威力も何もない女性の拳が鍛え抜いた腹筋を突き抜けてきたのだから…。打った当の本人も「えーっ？」と驚いていた。

これが氣空術の二触法の一例。ただし、そうは簡単にできるものじゃない。このときも会長が自分の肩に手をかけたから、女性の突きが決まった。他の人が行ってもかからない。それぐらい、微妙な「圧」。最近でこそ、「今、合気がかかっている」が分かってきたものの、始めの頃は触れるか、触れないかの圧が分からなかった。しかし、自分の身体は無意識にそれに反応しようとしている。その反応しようとした時点で結び（合気）がかかる。これでかけられた側は固まる。会長がいう「ガラス細工」になる。その瞬間に別の動きをかけられると、それこそ抵抗のしようもなく崩されるか、投げられる。稽古では、怪我のないよう、ゆっくりとやっているが、一度だけ本気の合気技をかけられたときは自分の身体が宙に舞った。こちらは渾身の一撃を放ったにもかかわらずである。その瞬間に天と地が逆になった。後頭部から真っ逆さまに落ちそうになり、とっさに会長が道着の襟をつかんでくれたから良かったものの、それがなければ頭をまともに打っていたと思う。

くっつく掌と皮膚接触

くっつく掌はＤＶＤでも紹介されているように、対面した相手と互いに掌を合わせてくっつける。そのまま動いて、くっつき感覚を感じる氣空術の初歩的な稽古だ。始めて、これをやらされたときは「こんなのが何の稽古になるんだ」と思ったものだ。掌を合わせれば、確かに「くっつき感」はある。だが、離してしまえば、当然のことながら離れる。当たり前のことだ。

そう思っていたら、会長が「くっついている感覚を体感しながらやってください」という。仕方がないから、言われるとおりにしていたものの、この稽古法にはいつも疑惑を抱いていた。

ただ、そう思いながらも驚いたことが何度かあった。人によっては、くっつけた掌が本当に接着剤をつけたかのごとく、ピターッと粘着してくることもあった。むろん、離そうと思えば、これだって離れる。入門してしばらくの間は、会長に言われたからやっていただけで、疑問を払拭することができなかった。がしかし…その応用を学ぶ段階でこの稽古の重要性が分かってきたのである。

それが皮膚接触だ。相手に触れたのが感じられない程度の微妙な「圧」。そのときに自分の掌、手の甲をはじめ、手首や腕の外側・内側で結び（合気）を作る。一連の動きを瞬時にやれば、技はこれだけでかかる。このときに少しでも力が入ると、相手は筋肉の反応を感じるから、かからない。会長の自著にも書いてあるが、氣空術の合気は「骨と骨」、「筋肉と筋肉」ではなく、「肌と肌」。相手に防御反応を起こさせない皮膚接触で「皮一枚をとる」技。

文章で言語化すれば、簡単なようだが、一朝一夕でできるものではない。稽古ではできても、実際の場面になったら、途端に「筋肉対筋肉」の衝突になってしまう。武道・武術の技にインスタントなものはないことを断わっておく。

微妙な圧で合気がかかる

以前、名古屋支部の稽古でこんなことがあった。ある人と基本の「くっつく掌」をやっていたときのことだ。すると、近くに寄ってきた会長が「それよりも上級レベルをやってみようか」といわれた。

自分が両掌を前に出す。そこに会長が掌ではなく、手の甲側をつけた。

すると、あたかも接着剤でもつけたかのようなピターッという粘着感がきた。それを「ホイッ」と腕を振られた途端、いとも簡単に崩された。ちなみにこういう現象、弟子が師を尊敬するあまり、暗示的作用でかかりやすいというのも知っている。だから、二回目にやったときは意識的に「崩されまい」としていたのだが、会長の手の甲が触れた途端にやはり、くっつき感が半端なく、そのまま横に移動されたら、「おっとっと…」と、つられるかのようにひっぱられた。なおかつ、もっと驚いたのはそのまま停止したとき、何と、自分の掌が離れない！「離せばいいんだ」と思って、離そうとしても離れないのだ。こんなことってあるかと、驚愕しながらも冷静に考えた。合気がかかるのは〇・二秒。これが一体、いつまでくっついているのかと数えたら、六秒近く離れなかった。

これには本当に驚かされた。技をかけられて手が離れないというのは何度か体験している。しかし、単に掌と甲をつけた状態で離そうにも離れない現象があるとは…！　愕然としながら、「なんでこうなるんですか」と聞いたら、「小磯さんが無意識に押しているから」と言われた。自分では押しているつもりはこれっぽっちもない。

このときの現象の理論はこうだ。会長は手の甲で自分の掌にかすかな圧をかける。それに対して、自分は無意識のうちに反応して、掌を押そうとしてしまう。ここで合気がかかる。こちらは無意識でやっているから、それが分からず、離そうにも離れないという状況になるわけである。また、あるいはこんなこともあった。会長の腕と自分の腕を軽く合わせる。氣空術式の推手、それに近い感じだった。皮膚接触の感覚稽古の一つなのだが…。

自分はこれで何度も吹っ飛ばされている。力で対抗しようとすればするほど、飛ばされるので「そうはなるものか」と軽く腕を当てた。これなら、自分が押すことはできないまでも、飛ばされはしないだろうと思ったから。ところが…。軽くお互いの右腕を合わせたと同時に会長が自分の右側に歩いた。すると、腕が触れたままの状態になり、会長が自分の後ろに回るにつれて身体がのけぞってしまい、倒されてしまったのだ。こんなはずはない！　自分の前側・向かって左側（内側）に圧をかけたまま歩いて倒されるのなら、まだ分かる。しかし、会長は腕を触れたまま、向かって右後ろ側（外側）に歩いたのだ。こんな状態、自分が腕を離しえさえすれば外れるはずなのに外れない。唖然とする自分に会長がこう言った。

「私が何かをしてるんとちゃうよ。小磯さんが動いているだけ。」

いやいや、絶対にそんなことはないはずだ。動かしてなんかいないはずだから。見ていた周りの人も信じられない光景を見るかのような顔をしていた。ある人が「前ならともかく、あの状態で後ろに倒されるなんてあり得ない」と驚いていた。

それが不思議でならなくて、翌日、会長に電話したことがある。「あれは何だったのか」と。すると、「あれねぇ、小磯さんが力を入れてるんよ。私は一の力で触れて動いただけ」という。皮膚接触のようなものになるんでしょうか？　と聞いたら、「ま、それと似たようなもんかな」。思わず、うなりたくなった。あのとき、自分は間違いなく力を抜いていたのに…。

「そのつもりでも、実は無意識のうちに力が入ってるんやね～。それに対して、こちらが出すのは一の力でええねん。」

相手に悟られないぐらいの微妙な「圧」。こちらは無意識のうちにそれを押し返している。ここで結び（合気）がかかるから、会長の腕と自分の腕がくっついたまま、最終的に倒されてしまうという理合いなのだ。当初、「こんな稽古が…」と思っていた「くっつく掌」だが、かくのごとき、武の技につながっていくのである。

腕の道具化

氣空術におけるもう一つの基本がこの「腕の道具化」。結び（以降、合気と統一する）を生むために、「圧」の具合と場所を変えずに、自分の腕を動かす重要ポイントだ。すると、氣空術の技が成立するのだが、会長の自著『謎の空手・氣空術』にはこう書いてある。

腕を動かすときに自分の腕とは別のところから動かさなければならない。「腕を使うに、腕を使わず」すなわち、自分の腕をあたかも自分の体の一部ではない、何か別の道具のごとくに動かすのです。（中略）たとえば、我々が木刀で何かを叩こうとするとき、当然、腕が木刀を動かすわけですが、木刀そのものには神経も何も通っていません。つまり、木刀に「意思」はないわけです。このように、自分の腕を木刀レベルにまで道具化することを目指して、稽古を続けなければなりません。ただ、その道具化した腕をいったい、身体のどこから動かすのかについては、おそらく人それぞれの感覚によって異なってくると思います。いずれにしても、修練して自得するしかありません。

この腕の道具化が、できるまでに苦労した。いや、今も決してパーフェクトにできるわけではないのだが、初めの頃は道具化しようとすると、力が入る。抜こうとすれば、腑抜けになる。一体、どうすればいいんだと悩んでいた頃、二方向の稽古中に「これか！」というのが分かった。

そして、その場ではそこそこに氣空術の技ができた。ところがしかし、いざ、それを自主稽古でやろうとすると、まるっきりできない。できない理由が分からないから、進歩もない。ならば…と考えたのが日常生活の中で「腕の道具化」を意識すること。ドアを開けるときも指をかけて、腕だけで引いたりするのではなく、腕を固めた状態で身体の別の部分を支点に引いたり、開けたりする。人間、無意識でやっていることはふだんの生活の中でいくらでもある。

箸を使うのも自転車に乗るのも「こう、使おう」と考えてやっているわけじゃない。無意識でやっている。だから、無意識レベルでできるようにと、「腕の道具化」に努めた。地道な繰り返しは武道・武術の稽古ではあたりまえのことだが、継続すると、次第にその感覚が身についてくるものだ。数か月のうちに、道具化した腕を「どこから使うか」が少しずつ分かるようになった。

初歩的なことだが、技としてもできるようにもなった。ちなみにこの腕の道具化、「肩から手首にかけて針金が通っているイメージでやるといいよ」と、会長からのアドバイス。針金は細くて柔らかい。腕を動かそうとするときに、この針金を通す感じでやると、使うのはほんの少しの力でいいことが分かる。たとえば、両手で構えるときも針金を通すイメージを持つと、手は十のうち一か二ぐらいの力で上げておけばいいのだ。格闘技の試合中、よくセコンドから「力むな、肩の力を抜け」と指示があるが、氣空術でも何らかの技を行使しようとする際、ついつい肩に力が入るケースが多々、見受けられる。肩に余計な力が入ってはいけない。一か二ぐらいの力で上げた腕を針金を通したイメージで道具のように使う。それが結果的に微妙な圧と合気をかけることにつながるのだ。

しかしながら、難易度は高い。先に述べた二触法にしろ、異なる方向に二つの動きをかける二方向にしろ、使うのは自らの腕。それで「何とかしよう」と思った時点で、どうしても筋力が生じる。そうなると、途端に合気技はかからなくなる。何とか、この腕の道具化を体得できないものかと、自主稽古でさまざまなことを試してみた。たとえば、自分の腕を構えた相手の腕の上に置く。腕だけで崩そうとすると、力が入ってしまうから崩れない。力を入れまいとすると、腑抜けになるからこれも駄目。試行錯誤するうちに、「腕はあくまでも道具。それを使うのが身体のこの部分から」と思いながらやったところ、崩すことができた。稽古相手にも同じことをするよう伝えたら、やはり、崩される。自分は何らかの氣空術の技ができると、動画を撮って会長に見てもらっているが、「それでいいよ。皮膚接触と重みは下の融合になっているね。腕の道具化とはそういうこと」という回答をいただいた。

今のところ、これができるという確率は少しずつ上がってきた。さまざまな人に「氣空術の身体の使い方」を説明する際は、これを体験してもらっている。ただし、それなりにできつつあるとはいえ、「崩してやろう」という気持ちがしゃしゃり出てくると、その時点でできない。氣空術、「やってやろう」は最大のタブーなのだ。では、それをどうするかというと、会長のいう「心の使い方」になる。

身体だけでなく、心も使う

会長の自著にある「自己放棄」。人は何らかのアクションをする際、大抵、「してやろう」という意識を抱く。あるいは力を入れないと言われると、力を入れまいとする。この時点で「～しよう」という意識になってしまう。本にも書いてあるように、「力を抜こう」という行為は「力を入れよう」という行為に等しいのだ。

「だから、ここで『心が大切』」だと会長はいう。先に紹介した合気上げも身体だけでなく、心も使う。押さえられ、握られた自分の手首に意識を置かず、握ってくる相手の後ろに立つ人をイメージして、その人に「お茶を差し上げる」かのように我が両手を上げる。このとき、自分と相手が同調（互いの無意識が協調運動を起こす）するから、相手はそれだけで立ち上がってしまう。

合気は相手の無意識にかかるもの。このときの自分も無意識。以前、こんな実験をしたことがあった。友人と心で上げる合気上げの話をしたときのことだ。友人が「心の信号が相手に伝わり、立ち上がるのなら、その信号を意識的に遮断したら、上げられないのではないか」と。そこで早速、やってみた。しかし、それでも上がるのだ。これは一体、どういうことかとブログに書いたら、会長の拳友である炭粉さんからこんなメールをいただいた。

合気は無意識の技。だから、意識で遮断したりはできません（逆に言えば、意識してできるならこんなに楽なことはない）。合気技が成功するとき、意識的に「できた」と思っても、それは意識よりは遥かに成立が速い無意識段階で既に成功しているのです。逆に失敗するときも同じく無意識段階で既に失敗している。

貴台が書かれているように「来るぞ」とか「何だかできる気がする」とか「これは上がらない」などの一種の予感は、無意識が意識に与えています。つまり意識に与えられた段階で、既に結果が出ているのです。それをリアルタイムで意識化することは、実はできません。何せ（もう結果が出ているのに）まだ知らされてないのですから（笑）。

閑話休題…合気の先輩

話がそれるが、ここで炭粉さんのことをご紹介させていただく。第一章にも記載したように、炭粉さんは長年、直接打撃の空手をされている武道家。鍛えに鍛え抜いた空手の技はたとえばローキックなら、バット三本をへし折る！　実際にそれをくらった、ある空手家は「あたかもこん棒で殴られたかのような」と表現していたが、空手の熟練者の技には凄まじいまでの威力がある。

その炭粉さんが「合気」のとんでもない現象を体験され、以来、関連著書を五冊、出版した。ここでご紹介すると、『合気解明』『合気真伝』『合気流浪』『合気深淵』『合気解体新書』（いずれも海鳴社より出版）がそれだ。ご自身の合気探求の道のりを赤裸々に綴ってあるので、ぜひ、ご一読いただきたい。炭粉さんは六年間の過程を経て、合気開眼をされたのだが、その少し前、つまり平成二十五年の二月に自分が氣空術に入門した際、会長から炭粉さんをご紹介いただいた。

「小磯さんと炭さんの性格は真っ直ぐで、そっくりやねん。きっと相性もいいと思う。」

炭粉さんは当初、「そんな俺とそっくりの人間となんか会いたくないわ」と思ったと、後になって語ってくれた（笑）。しかし、会長から「合気の先輩として、いろいろ教えたってくれ」と頼まれ、次第にメール交換や電話で親しくさせていただくようになった。そして、自分のブログを読んでは、さまざまなアドバイスもいただけるようになった。炭粉さんは氣空術門下ではないが、そういう意味で自分にとって合気の先輩なのである。偉大なる先輩からいただいた助言の数々がどれだけ自分の助けになったか分からない。炭粉さんからいただいた助言も文中に紹介していきたいと思っている。

心をどのように使うか

氣空術の基本的な動きや技を伝える際、会長はさまざまな表現をいう。例えば、「重みは下」の感覚稽古をやるときはこんな具合に。

「小磯さん、自分が絶世の美女とリゾートホテルにいると思ってください。その女性がシャワーを浴びて、バスローブ一枚をはおっている。それを強引に脱がしちゃダメだよ。背後に回って、彼女の両肩に手を置くんです。そこで、バスローブを優しく払うかのようにする。」

これで見事に相手は真下にストーンと倒れる。ちょっとでも力を入れると、女性が相手でも「おっとっと…」と、後ろによろめくだけだ。絶世の美女の…という比喩で技ができる自分も自分だが(笑)、会長はときには下ネタも交えたジョークで人を笑わせながら、あらゆる表現を使う。同じく重みは下を相手と向かい合って立ち、掌を差し出してもらう。その掌に自分の指先を置いて、真下で落とす稽古でもこんな表現をする。

「蝶が花弁に止まるかのようにそっと置いて、そのまま真下。」

これがまた、できるのだ。門下の誰もができるよう、会長はあらゆる表現手法を巧みに使いながら指導する。合気技の邪魔をするのは「何とかしてやろう」という自我意識。それを払拭するために、イメージを思い浮かべながら身体を使う。稽古で目の前に立つ人に技をかけるとき、どうしても「倒そう」、「崩そう」としがちだ。だから、その意識とは真逆のイメージを描く。

優しく、柔らかく、動き続ける…。これができるようになると、「何とかしてやろう」という自我は消える。氣空術入門当初は、とかく力で何とかしようとしていた。「力を入れずに」と考えた時点で「〜してやろう」になってしまう。そんな意識の変化は筋肉の緊張状態を招く。結果、相手にさとられてしまうのだ。ここに、氣空術の「心の操作」が重要になる。例えば、心で上げる合気上げのように。

今はこの「心の様相の大切さ」も十分に理解している。しかし、初めの頃は「心が大切」と言われても胸落ちしてこなかった。いや、昔の武士は「生きるか、死ぬか」の世界で武技を練っていた。その修練は並大抵のものではなかったことだろう。なにしろ、我が命がかかっているのだ。そして後世にも伝えられる達人の領域を文献などで読むと、心の部分をいかに重視していたかも分かる。

それが武道・武術で最重要視される「精神力」ではないかと思うのだ。いざ！　というときに揺るがぬ平常心。川の流れが障害物にあたっても、とどまることなく流れ続けるような心の動き。だからこそ、心は大切というのは分かる。いや、分かったようなつもりでいた。というのは、自分がやってきた打撃格闘技ですら、「心の基盤となるイメージ」は欠かせないものだからだ。

格闘技でもイメージすることは重要だが…

例えば、シャドーボクシング。ただ、動いているだけでは何の意味もなさない。実際に目の前に相手がいるとイメージして、動きの中に攻防を交えていく。これは、リアルにやればやるほど練習成果があるし、一流選手はそれがまた巧い。さらに、もっと基本的なことを言えばパンチも蹴りも一朝一夕では体得できない！　だから鏡の前で、コーチの持つミットで、サンドバッグでと、何千回も何万回もひたすらパンチと蹴りの練習を繰り返す。それも漠然として打つ・蹴るのではなく、相手を「打ち抜く、蹴り抜く」イメージでやる。

こういう「脳でイメージして身体を使う」という一連の練習過程が心で上げる合気上げと同じと考えていたのだ。最初の頃は…。ところが当時、ブログにそれを書こうとしてパソコンを開いたとき、「待てよ…」と手が止まってしまった。心で上げる合気上げと自分が今まで教えられ、教えてきたイメージトレーニングとは「質が異なるのでは」と思ったのである。

俺たちはミットを打つときなら、ミットの向こう側を打つように打ち抜けと言われ、そうしてきた。そのほうが威力を生むと思ってやってきた。でも、それとは何かが違う。しかし、その一方でこんなことも考えた。スパーリングでも試合でも打ち合い、蹴り合いの中で「こいつ、倒してやろう」と思うと絶対にうまくいかない。してやろうと思っているうちに力んでしまい、身体操作が固くなってしまうのだ。

格闘技は闘いの技であり、攻防だが、怒りや過剰な闘争本能のままに使う技は威力がなくなる。筋肉が収縮して、関節をはじめとする身体の動きの自由度を抑えてしまうのがその原因。こういう場合、下手なのとやるより、自分より格上の者とやるほうがいい動きができる。そういう人は間合いも技もタイミングも自分より上。それが闘っている最中に学びになる。どつき合いしていて、そんな気になれるかと言われるかもしれないけど、なれる！　あるいは自分もそれなりのレベルになっている場合、同等かそれ以上のレベルの者と闘うと闘っている最中に脳が冷静になって、意識が研ぎ澄まされてくることだってある。滅多にあることではないが、そうなると、超集中状態になり、信じられないぐらい、いい動きができるようになる。俗に言われる「ＺＯＮＥ」という状態だ。

しかし、そうは簡単に「ＺＯＮＥ」状態には入れない。だから、そうなれるように鍛錬とイメージトレーニングで身体と精神の調和・一体化を目指していく。こういった一連のアプローチは武道・格闘技従事者のみならず、一流のアスリートなら、誰もがやっていることだ。だから、「氣空術、その技は心と身体」と言われたときも、「それは自分たちだって、やってきたのだけれど…」と思っていたのである。

心構えではなく、心が前！

氣空術の合気技は身体だけでなく、心も使う。それが会長が指導する際にいう「〜するかのように優しく」というイメージを持つことかと思っていた。そういうイメージを描くようになれれば、確かにその場での技なり、動きはできるようになる。だが、実際の攻防においてそんなことができるのだろうかと思っていた。打撃戦になればコンマ何秒の間に拳撃なり、蹴りなりが飛んでくる。それに対して、優しく触れる、絶世の美女を前になどのイメージで対処できるか。「そんなの絶対に無理！」そう思っていた。

そんな愚かな門下である自分に会長はこう言ったものだ。

「イメージはあくまでも、『なんとかしてやろう』という気持ちを捨てるためのアプローチに過ぎないよ」と。

続けてこうも言われた。

「小磯さん、氣空術はね、『心構え』とちゃうねん。『心が前！』、そこなんよ。」

う〜ん…とうなりたくなった。いいこと言われるなあと。その言葉に感銘は受けた。しかし、その程度の感想だったのだ、当時は。

そんな程度の思いも稽古を続けていくうちに、それなりに分かるようになってきた。例えば、こんな体験のように…。

心が前！　だと、こうなる

これは会長が合気開眼のきっかけとなった、冠光寺流の基本稽古でも行われているが、「合気起こし」というのがある。寝ている人の片手を持って、引き起こすという稽古だが、これも起こす側の意識の持ちようで、相手の反応が全く変わってくる。

「こんなところで寝やがって、じゃまだな。早く起きさらせ！」

という思いでやると、手を引っ張った状態で寝たまま、ズルズルと引きずるだけ。男性対男性でもこうなのだから、寝てるのが男性、起こすのが女性だと、金輪際、起こせない。

ところが…「そんなところで寝てると、風邪ひくよ、起きようね」という思い遣りを込めてやると、合気上げのときと同じように、相手の上半身がなんの抵抗もなく起き上がる。初めてこの合気起こしをやったときは不思議でならなかった。一緒に稽古したときの相手は小柄な女性。絶対に起こせるものかと思っていたら、あっけなく、起こされてしまった。力学的な体勢を整えて引き起こすというのではないのだ。思いで起こす。しかし、こんな体験をさせられながらも合気に対して懐疑的な（というより、武術のこととなると、超現実主義者なのだ）自分は相手の女性にこう頼んだ。「じゃまだという思いと、思い遣りで起こすのを何も言わずに試してみて」と。

それまでは「じゃまでいきますね」「今度は思い遣りで」と伝えられてから、合気起こしをされていた。なら、何も言わなければ違ってくるだろうと思ったのだ。これなら、暗示もかからないはず。なおかつ自分はあえて起こしづらいよう、脱力して寝たのだ（力を入れているほうが起こしやすい。今まで起きていた赤ちゃんを抱っこしていて、寝たら急に重たくなったのと同じ状態になるから）。

我ながら意地悪でした。あのとき、稽古に付き合っていただいた方、ごめんなさい！

そして実際にやってみた。まずは一回目。全然、起こされない。

「今のが『じゃま！』という思いだから、次は思い遣りを使ってくるな」と寝ていたら二回目も同じ。「やっぱり、そうか。軽い暗示みたいなものだな」と思っていた。そして三回目…。すると、どうしたことか二回目とは違う感覚でフワッと起こされた。その女性、「わっ！　できた！」と大喜び。三回目で思い遣り起こしをしたというのだ。となると、自己暗示的なものではない…。その後、相手を変えて同じように稽古をしたが、結果は同じ。さらにいうと、自分がやってみても同様の結果になる。

自分はそれなりに腕力もあるし、身体の使い方も知っている。だから、簡単に起こせるだろうと試したら、思っていた以上に難しい。特に体格のいい男性だと、肩が少し持ち上がる程度でそのままの状態で引きずってしまうだけ。しかし、思い遣りでやると、あっけなく起こすことができる。何らかの行動をしようとする際、意識を変えるだけでこうも違うのかと驚いたものだ。

「じゃまだ、この！」でやると、筋力での動きになる。しかし、思い遣りで起こす場合は合気上げ同様、「心で上げる…無意識で動く」になるのか…。ここでもう一度、炭粉さんの言葉を記載する。

合気は無意識の技。だから、意識で遮断したりはできません。（逆に言えば、意識してできるならこんなに楽なコトはない）。合気技が成功するとき、意識的に「できた」と思っても、それは意識よりは遥かに成立が速い無意識段階で既に成功している。

会長がいう「心が前！」はその無意識に導入する心の有りようなのかもしれない。それが少しずつ分かり始め、実際に技としてできるようになったのには次のような経緯があった。

無意識の動き

心と身体を使って無駄のない、自然な動きを修練する。支部稽古だけでは飽き足りないから、ものは試しと、打撃系武道をやっている知人とも実際に打ち合い、蹴り合いをする組手もやった。氣空術入門当初は「合気技よりも、会長のような衝撃力ある突きを会得したい」の一念である。こういう稽古をすればいいというアドバイスも受けながら、自稽古あるいは対人稽古で何度も「突き」の感覚をつかもうとした。そして、それはそれなりにできつつあったのだが、実際の攻防に使えるかどうかといえば、至難の業だ。

どんなにハードパンチャーであったとしても、相手は動く。ましてや、打撃の熟練者であれば、そうは簡単に威力ある打撃を与えることなどできはしない。「せめて、対人の組手の中でできるようになりたい」と思った自分は再び、打撃の世界に臨んだ。がしかし、やはり当たらない。いや、当てることはできる。そこはそれ、長年の格闘技経験は錆びてはいない。打ち合いも蹴り合いもできる。スタミナを消耗しないよう、必要最低限の動きをすることもやっていたから、それなりに対応はできる。スタミナ自体は衰えているが…。

そんなある日のこと。スーパーセーフを着けて、組手（全力ではなく、八割程度のライトコンタクトで）をやっていたときのことだ。相手のパンチが自分の胸あたりに飛んできた。それがちょうど、自分の腕の外側に当たった。そのとき、なぜ、そんなことをしたか分からないが、受けるというより、そのパンチを軽く払った。からまったクモの巣を払うかのごとく。すると、相手が「うわっ！」と、声をあげて横倒しになったのだ。唖然とする自分に、起き上った知人が「今、一体何をした？」と聞いてくる。何をしたと言われても、やった自分自体、何をやったか分からない。ただ、軽く払っただけである。決して、投げよう、崩そうとなんかしていない。にもかかわらず、そんな現象が起きた。お互い、いぶかりながら「もう一度、やってみよう」としたが、今度はできない。何度、繰り返してもできないのだ。

帰宅してから、会長にその話をしたところ、「それが合気。やってやろう感なかったでしょ。次にできなかったのは、同じことをやってみようという気になったから。自然な動き、無意識の動きでないと、できへんよ」と言われた。何となく分かりはしたものの、不思議な体験だった。

あるいは時と場所を変えて、こんなこともあった。地下鉄のホームを歩いていたときのことである。前方で野球部とおぼしき高校生たちがふざけていた。その一人がスポーツバックをもう一人の相手にふざけてぶつけようとしていた。中身はウェアやグローブやタオル程度のものだろうから、そんなに重いものじゃない。

そして自分が間近まで近づいたときのこと。逃げる相手に一人がまた、バックをぶつけようとした。とそのとき、振り回したバックが勢いあまって、近づいた自分にぶつかりそうになったのだ。腕で受けようとしたら、簡単にできたと思う。ところが、そのぶつかりそうになった瞬間、何をしたかというと、スッと入って、左手で相手の右の肘内側あたりに触れたのだ。

するとなんと、投げたわけでもないのに、相手がストンと落ちた。本当に一瞬のことだったから、よく覚えてないのだけれど、たぶん、右手は相手の左肩あたりに触れたと思う。知らずして、二方向か二触法みたいなことをしたのだと思う。倒された相手は驚いていたけど、自分はもっと驚いた。「やろう」として動いたわけじゃないから。本当に自然に動いただけ。これも一つの無意識の動きの一例だろうが、嬉しかった。ふだん稽古していることがとっさにできたのだから。

立ち上がったその高校生が「すみません！　今の合気道ですか？」と聞いてきた。そこで「いや、これは氣空術といってね…」といえばいいものを疲れていたから「う〜ん、ま、そんなものじゃないんだけどね〜」と答えてしまった。後になって、詳しい説明をしなかったのが悔やまれたものの、「もう一度やってください」なんていわれたって、できる自信はこれっぽっちもないのだ。

意識より、はるかに早い時点で成立する無意識の動き、それが合気だ。以降、数回にわたって、「これは…？」と思うような体験をして以来、合気に対する関心は深まっていく。

受ける！　のではなく

無意識な動き。そう言われても難しいものだ。いかんせん、長年の経験で打撃に対しては、どうしても受けよう、避けようという意識が働く。やり込んできたからこそ、むしろ、それが自分にとっては無意識に近い状態になるのだ。しかし、氣空術は「受ける」、「避ける」ではない。ある日の支部稽古でこんなことがあった。相手の正面手刀打ちに対して、柔らかく前腕で受ける（正確にいうと、受けるではない）。これがうまく決まれば、腕を軽く下に落とすだけで相手は倒れる。ところが、自分はそれができない。どうしてもバシッ！　と受けてしまうのだ。これしきのこと、相手がフルスピードで打ち込んできたとしても受けるぐらいはいくらでもできる。だが、落とすことができない。

「受けるになってるねぇ。そうじゃなくて、車のショック・アブソーバーみたいに腕を使ってごらん。」

会長に助言されたものの、どうしてもできない。ところが、何度かやっているうちに偶然にも受けた感覚なく、相手を倒すことができた。こういうこと、支部稽古ではままある。自分でも「おっ！」と思うことが…。だが、そのできた感覚を求めてやっていると、またしてもできなくなる。試行錯誤している自分を見かねた会長がこんなことを言った。

「小磯さんは受けよう、受けようという気持ちが強すぎるねん。打たれてもええ。相手の手を迎え入れるような気持ちでやってごらん。」

迎え入れるねぇ～。そこで、その気持ちでやってみた。すると、自然に柔らかく受けるようになり、腕を振ったら、ストンと落とすことができるではないか！　そのときの相手は友人だった。「本当に決まったか？」と聞くと、「間違いなく決まった」という。受けるのではなく、迎え入れる…何度も繰り返した。すると、できる。稽古相手が変わってもそれができた。

「受ける」のではなく、「迎え入れる」…この気持ちが無意識の技を成立させる。このときの会長の言葉が後々、自分の合気探求の大きなきっかけとなるのだが、それはまた別の章で。

氣空術の根幹

それは「愛」と「思い遣り」。稽古中でも稽古が終ってからでも、会長の話のはしばしにこの言葉が出てくるのを何度も聞いた。聞くたびに唸るような思いになったものだ。冒頭の「推薦に代えて」の炭粉さんの文面にもそれがある。

何の敵意も力みもない畑村の何でもない突きや蹴りに、盤石に構える私はいとも簡単に飛ばされ倒された。たまらず、聞いた。

原理は、何だ?!「愛です！ 愛」「また、それかッ（怒）！」

むろん、会長がいう「愛」とは世間一般でいうところの「愛」ではないことは分かっている。分かってはいるものの、実際の打ち合い、蹴り合いをする中でそんなものが通せるかと。相手は全力で攻撃してくるのだ。こちらも全神経を張りめぐらせなければ、対応のしようがない。打撃戦を経験している方なら分かってくれると思うが、アドレナリン全開でかかってくる相手にはこちらも必死になる。少しでも弱みを見せようものなら、その途端に拳撃なり、蹴りなりが唸りをあげて飛んでくる。だからこそ、我々は血反吐を吐くかのような猛稽古を積んで、試合に挑む。リングなり、コートに上がって肚が据われば、気持ちも変わる。前にも書いたように、「この野郎!」では、力みが入るから技も冴えない。

むしろ、相手を称えるぐらいの意識になれば動きも俄然と変わってくるのだが、それだって、そんなにあることではないのだ。

そんな攻防の武道・格闘技の世界に「愛とは…」と、これればかりは納得できなかった。炭粉さんはすでに合気を開眼され、そのあたりも十二分に理解されているのだが、会長に吹っ飛ばされ、その原理が「愛」と聞かされたときの気持ちは痛いほど良く分かる。この本を執筆するにあたっても、この「愛・思い遣り」をどう書くかがいちばんの悩みどころだった。いかんせん、今の自分(平成二十七年・九月時点)が未だにこの部分を胸落ちして実感していないからだ。「それだけ、会長の身近な立場にいながら、まだ分からないのか」と言われるかもしれない。ただ、「愛」の部分に関しては、それなりに感じているものはある。簡単に言えば、自我を払拭した「真我」の世界。そこには人にも環境にも物事にも影響されない、盤石の心がある。全ての問題が小さく見えるし、感じる。一切の執着心が消え去り、何処までも透明のような心が深く広がる。

残念ながら、そのような自分にとって究極の世界はまだ一回しか体験したことがない。それは東京支部の高萩さんと氣空術の自主稽古をしていたときの出来事だったのだが…垣間見た「合気」の世界。そこには間違いなく、無意識に通る大いなる「愛」があった。

「これこそが会長のいう『愛』というものなのか」…あたかも次元の異なるかのような心身を体感しながら、そう思ったことがある。

その一度だけの体験ではあるものの、「愛」の本質は真我の世界と思うようにはなった。しかしながら、氣空術、「それは愛ですよ」と確信をもって言えるまでには遠く及ばない。そこまでの心に達していないのだ。ちなみに氣空術の合気を会長は「愛魂《あいき》」と呼ぶ。炭粉さんも一連の著書にその言葉を使っているが、愛魂は何度も書くように狭義の愛ではない。広義の「愛」だ。この部分になると、なかなか納得しない自分に会長がこんな話をされたことがある。

愛魂という言葉にこだわらなくていいよ。要は「相手と同じ土俵に立たない」こと。受ける、避ける、さばくをすると、技が決まらないのは分かったでしょ。それをやると、力対力、「おまえがやるなら、俺もいく」の世界になる。つまり、筋力行使になってしまう。そうなると、反応が遅れて先をとられる。だから、「やったろう！」は一切、捨てる。それは固執するのと同じやからね。固執は心を止めてしまっているんよ。だから、氣空術では心も身体も動かし続ける。それを「愛」と思ってもらえればいいかな、今のところは。

氣空術で会長が門下に伝える「愛」。その表現は人によって、まちまちだと思う。同時に受け取る側の解釈の違いが出てくるだろう。それはそれでいい。ただし、合気の現象を「スピ系」のような言葉で語ってほしくはない。投げられて笑えてくるとはいえ、それらの言葉で表現するのは違うと思うのだ。会長のいう「愛」とは決して狭い意味での愛ではないことを改めて書いておく。

心と身体を動かし続ける

会長が以前、ある格闘技プロデューサーとの話の中で、氣空術の原理を語ったところ、「それは動く瞑想とも言える境地ですね。これからの時代に必要になってくると思います」と言われたことがあるそうだ。前述したように、自分も稽古中にそれに近い状態になったことが一度だけある。修練を積んでいけば、そういう境地に至れるのかもしれない。そのアプローチが氣空術の原則にあると思う。それは「心も身体も柔らかく動かし続ける」こと。

武術・武道に精通されている方なら、「居着く」ことが武の場においてご法度であることは熟知されていると思う。剣術の世界で居着くは即、斬られることを意味している。だから、居着かない。氣空術ではそれを避けるために、動き続ける！　身体だけではない、心もだ。以前、会長と話していて、その意味することを鳥肌が立つかのように感じたことがあった。

「武術の奥義、それは居着かないことやねん。この意味すること分かる？」

「フットワーク使って、自分では動き続けていたと思う。でもね、そのときにも「居着き」は生まれるんよ。」


この話を聞いて、瞬間的に「そうか！」と閃くものがあった。フットワークで動いているつもりでも、零コンマ何秒かで止まるときがある。この瞬間すら居着きになるのだ、武術・武道の世界では。だから、止まらずに歩き続ける。同時に身体だけでなく、心も止めてはならない。人は何らかの事態に直面すると、その部分に意識を向けたままの停滞状態になる。「どうしよう」「なんで、こんなことが起きるんだろう」…不安や緊張をはじめとする、さまざまな感情がそこで生じてくる。問題に対する執着になるのだ。こうなると、ネガティブ・スパイラルにはまる。結果、心身ともに大きなストレスを抱えてしまう。だからこそ、「心をも動かし続ける」。


氣空術の稽古中でも、それは再三にわたって注意される。一つの技をやって、できない。できないと、「何が間違っているんだ」とついつい、停滞状態になる。すると即座に会長から指示が飛ぶ。

「あかん、あかん！　止まったら。一方向かけて駄目なら、二方向をかける。迷ってる時点で反撃されるで。いい？　一がかからなければ、次へとかける。そういう一連の動きを瞬間にやれるようにならんと、ものにならんよ。」

技をかけるにあたって止まらずに、動き続けること、それは極めて難しい。ただ、このような稽古を通して、それなりに得られる感覚もあった。氣空術のもう一つの原則である「力は入れずに出す！」ことだ。力を入れないは単に脱力すればいいというものではない。それでは腑抜けになる。ただ、その中間地点のとらえ方がなかなかつかめない。しかし、「力を入れている状態とは何か」については分かるようになってきた。これは簡単。技をかけることに固執するあまり、前腕なり、肩に力みが生じている。力まないことについては、格闘技時代からさんざんやってきたつもりだが、氣空術ではそれ以上に「力を入れない」を追求する。

力は出すものであって、入れるものではないのだ。力を入れるということは自分で自分を固めているようなもの。力は相手に伝えなければならない。そのためにも心と身体を動かし続ける。氣空術のこの原理・原則は武術の場だけにとどまらない。日常生活のあらゆるシーンにも応用ができる。武術は本来、先人が残した「生きるうえでの知恵」だ。刀で斬り合いをする現代社会ではないから、ふだんの生活の中に武の知恵を落とし込んでいく。それは必ず、自分の人生にも好影響を及ぼすものと確信している。

その動きは加速ではなく、等速

心と身体を動かし続けることも大切だが、その際、もう一つ重要なポイントがある。それは「等速」ということだ。技をかける際、ともすれば「受けよう」、「避けよう」、「投げよう」、「崩そう」になってしまうが、それだと勢いが出る。動きが加速になると、力で何とかしようになってしまう。だから、等速。できているわけでもない自分が書くのも躊躇するが、初めのうちは焦らないことだ。相手との結びができたら、それを抜かず、離さずに「同じ速度」で動く（技をかける）。このあたり、文章化するのは難しいが、「いち〜、に〜、さん〜」ぐらいの速度でいいのだ。一も二も三もあくまでも同じ速度である。「一、二、まで等速」になっていても三で加速がつくと、その時点で相手の反応を招いてしまう。会長は「一、二、三」を一瞬（一拍子）にやるが、それを真似ると、我々のレベルでは加速になる。速さを加えることはすなわち、「力を入れる状態」と同じことなのである。

話は少し変わるが、稽古中にほんのわずかな力で相手が崩れる、倒れる状態を体験したある門下が思わず、こんなことをつぶやいたことがある。「こんなので技がかかるなんて…」と。そうなのだ、自分でも信じられないぐらいの力でかかる。彼は続いて、こうも言った。「でも、力を入れないと、不安だもんなぁ」と。まったくもって同感である。武道や武術をやってきた者でなくとも、人を何とかしようとする場合は「力を入れる」という意識がそれこそ潜在意識にまで刷り込まれている。だから、会長にいくら「力はいらんねん」と言われても、それこそ無意識のうちに力を使って（入れて）しまうのだ。そうではなく、力は入れずに出す！　そのスピードは等速！　決して、勢いをつける加速にはならないように…氣空術の技の原則の一つである。

氣空術、その稽古にあたって

氣空術の合気技、二方向にしろ、二触法にしろ、使うのは微妙なまでの力と動き、そして正確な方向をとらえることが要求される。入門した初めの頃は相手の技に「かけられてなるものか」と全力で抵抗していた。それまで、「倒されない」、「当てられない」、「崩されない」をやってきた人間である。ましてや、武術の世界。そうは簡単に投げられてたまるかと「かからない状態」を作っていたのである。

しかし、それをやっていると、圧や結びなどの精妙な感覚がつかめない。相手だけでなく、自分もてるでしょ。すると、膠着状態のまま、「できないねぇ」ということになる。それでも会長に「力が入ってるでしょ。こうして、こう!」と手をかけられると、アッという間に倒されるか、崩される。その感じを思い出しながらやると、偶然にも技がかかることがある。それはもう、すんなりとかかるのだ。しかし、打撃系武道・格闘技のような「手応え」がまるでない。「えっ、こんなので?」という感じなのだ。手応え、つまり、できたという実感がないから、会得が難しい。稽古の度にそれを痛感するにつれ、こんなことを思うようになった。「かかるまいとして、力任せで対応するのは間違いではないか」と。力任せはつまり、力を入れている状態である。氣空術は基本も二方向も二触法も皮膚接触も、感覚で得られることが大きい。稽古を重ねるうちに「相手の技に対抗しようというのではなく、感じることが技の会得につながるのでは」と思うようになった。自分の腕の重さをどう伝えるか、皮一枚の皮膚接触をどう感じるか。その全てが心と身体でとらえていく感覚稽古ではないか。

そう思うようになって以来、相手の技に対抗するのではなく、「ナチュラルな状態」で受けるようにした。会長の指導を受け、相手とかかり稽古をするときは相手の動きを感じる。最初はなかなかつかめない。「力でやってるから、できないんだ」までは分かるものの、何がどう間違っているかまでは分からないのだ。だから、ここで相手の動きを感じる。

会長が説明した通りの正しい動きになっているかどうか、不自然なずれ・ぶれはないか。相手が力の入らない、自然な身体の動かし方をしているかどうかを感知する。これを続けるうちに「感じる」ようになるのだ。第五章の「合気探求者の足跡」に登場する京都の新国さんはこのあたり、非常に詳しく指導してくれる。それが重みは真下、をやっている場合、「今は指の方向が内側になっている。もう少し外方向に変えて…」と、こちらの動きを分解するかのように正しい動きへと誘導してくれる。相手の動きが分かるようになり、それを正しく伝えられるようになれば、その動きは自分もできるようになる。だから、最近は自分も新国さんの真似をしている。門下の方ならご理解いただけるだろうが、氣空術はこの「感覚で得る動き」が数多い。考えるのではなく、感じる。それによって、技の感度や感覚を心と身体で練り上げていくのだ。

稽古では以前、自分がやっていたような「かかるものか」は間違い。初めのうちは、お互いに感知して確かめ合いながらの稽古が「力は入れずに出す」を知ることにつながっていくと思う。むろん、「相手に合わせてかかってあげる」は間違い。それでは、技の習得にならない。稽古の雰囲気を楽しむのはいい。しかし、楽しむあまり、わざわざ、相手に同調して「かかってあげる状態」にするのは単なるラポールだ。これでは相手ばかりか、自分の稽古にもならない。

技（動き）がある程度のレベルできるようになれば、相手が力任せで対応しようが簡単に投げ、崩すができる。できるようになったら、より感覚の精度を高めていく。支部稽古でできたからといって、それは「会得」には及ばない。どんな場面でも「使える技」とするからにはやはり、修練を積む以外にない。何度も繰り返すようだが、武術の技、インスタントでできるようなものは何一つとしてない。地道な繰り返しの中から体得していくしかないと思っている。

第四章　合気探求・畑村洋数伝

はじめに

この本を書くにあたって、どうしても外せなかったのが会長自身の合気開眼にいたるまでのプロセスである。会長が空手と出会い、その道を貫くなかで、なぜ、合気を目指すに至ったか。特に聞き出したかったのが冠光寺流・保江先生との初の稽古で「長年、求めていたものが『これか！』と一瞬にして分かり、氷が融けるかのように全てのことが分かった」というくだりである。自著にもこう書いてある。

（中略）このときの私の気づきとは何かと言えば、それは形

を超えた（故に形のない）原理というものに初めて思い至ったわけです。（中略）そのことが悟れたおかげで、私は「空手とは全然似ていない」という葛藤を抱く必要がなくなったのです。それどころか、今まで習ってきた内家拳や合気道の理合というものも、いや優れた武術の理合のいっさいがっさいが、形のないものとして（しかし、実在するものとして）全くスタイルの違う空手の動きや技に通せることに気づいたのです。

武術の修行において、「覚醒」「悟り」ということは確かにある。がしかし、それが一瞬にして分かるとは、それなりに追い求め続けてきたうえでのものではないか。空手修行時代から会長が気づかぬうちに合気開眼に至る布石があったのではないか。その部分を掘り下げて訊ねたかったのだ。さらに、武術・武道家としての会長だけでなく、人間・畑村洋数としての部分も聞きたかった。

自分のそんな要望に対して、会長は「本に書いたから、そんな大それた話はないよ」といわれたが、本人が気づいていない過程もあるかもしれない。そんな期待も込めて、長時間のヒアリングを行った。以降、『謎の空手・氣空術』の内容と重複する部分もあるが、会長の生の声を聞き出したうえでの文章である（文中の敬称略）。

拳友会

いつかの氣空術の支部稽古後のことである。食事の席で畑村はこんな話を自分にした。

「前田会長にいわれたんよ。『畑村、おまえは本当に強くなった。けれどしかし、強くなりすぎた』って。」

強くなるための空手である。なぜまた、そんなことを言われたのかと訊ねたところ、それなりの理由があった。当時の拳友会では従来の寸止め式の組手から直接打撃のフルコンタクトに移行していた。道場の界隈にはさまざまな武道の道場や格闘技のジムもある。当時の拳友会には、ボクサーやキックボクサー、フルコンタクト空手の経験者が並行して学ぶ者も多かったという。

血気盛んだった畑村は、そういう相手を選んでは真剣勝負を挑んだ。「ボクシング？　キック？だったら、いっちょ、やろうや」と、かなり激しかったらしい。そういう場合は「止め！」がかかっても、止めなかったという。

「自分に自信があったからね。相手が強いと思ったことはあまりなかった」…傲慢なまでの口ぶりである。しかし、実際に強かったのだろう。身長こそないものの、骨太で頑丈な体格にも自信があった。鍛えに鍛え抜いていたうえに、卓越した身体能力も勝負勘もあった。打ち合い、蹴り合いをするにも正面から攻撃しない。相手の打撃をさばいて、サイドから反撃する。六十を越えた今でもその名残りのある体格はピーク時はさぞやと思う。がしかし、その畑村ですら、拳友会初代の前田会長には敵わなかった。

「化け物みたいに強かったからね。何とかして倒そうと必死に稽古したけど、それでも勝てない。互角にもならへんかったよ。」

だから、畑村が「思いっきりやれる」のは前田会長しかいなかった。その師から言われたのが前述の言葉である。

「強くなりすぎた…がしかし、強さだけでは駄目だ。思い遣りを持て。」

飲み会のスナックで言われた際、釈然としない思いを抱いたそうだ。

「あなたは強いからいい。でも、闘いの中でそんなこと思っていられるか」と。

当時を振り返って、畑村はこう語る。

「今なら分かるんやけどね。思い遣り…それは何かというと、世間でいう『負けてあげることも大切』ってこと。『他者を活かせ』という気持ちも含まれていたと思う。言われた頃はまるっきり、理解できへんかった（笑）。」

関西弁でいう「ゴンタ」であった畑村を前田会長は可愛がってもいた。稽古が終ってからも良く飲みに連れて行ってもらえたし、滅多に行けないような高級クラブにも行ったそうだ。

「飲み屋だけでなく、自宅まで呼ばれたよ。当時、コマーシャルで流行っていたでしょ。ウーパールーパーってやつ（両生類のこと）、他にもいろんな珍しい動物をペットにしていたなあ。アライグマとかムササビとか。だから、長男連れて行っては『うわ〜』って、はしゃいでいた。それだけ特別扱いしてもらってたんやね。」

強くて、自身を鍛えることに夢中だった畑村だが、三十代後半ぐらいからフィジカルな面での衰えを感じたという。当時、拳友会の垂水支部で指導にあたっていた畑村はある日、巨漢の門下生と組手をした。ここで止めるつもりで放った上段回し蹴りが当たってしまう。

「親指がカツーンと当たって、グラッとさせてしまった。以来、その人は来んようになって…。ガチでやるとはいえ、指導者として門下生に怪我をさせたらあかん。それができなかったのがショックやったねぇ。」

自分ならそこで「してやったり」と思うところである。しかし、畑村はそうは思わなかった。止めることができなかった蹴り、今まではそんなことはなかった。しかし、できなかった。「このあたりが肉体的な限界か」という思いを抱いた畑村は以降、筋力のみに頼らぬ武術に興味を抱く。それが中国武術であり、日本の古武術であり、合気系武術であった。

フィジカルだけではない武の技、歳をとっても衰えない術…。空手の指導と同時並行しながら、畑村は多くの武術家と交流を深めることになる。同時に以前から興味を抱いていた気功も始める。四十になる頃だった。

気功を習う

このあたり、畑村の自著と重複するが、改めて書く。

気功をやろうと思ったものの、なかなか「これぞ」という場に巡り合えない。ようやく入会した気功教室も疑問を抱くことが多々あった。ちょうど同じ頃、海員学校時代からの友人も気功を始めた。空手をやっていた畑村に対して、その友人は香川県で金剛禅少林寺拳法をやっていた。初段をとる時期、支部道場を出す時期もほぼ同じだったため、偶然の不思議さを感じながらも遠方の友人とのやりとりは続いた。当然ながら、お互いに今、学んでいる気功の話も話題になる。

「でもねぇ、友だちの気功の話を聞いてもどういうわけか噛み合わない。俺が習ってるのはこうだよと言っても、友だちの気功とは違う。ちんぷんかんぷんな内容になるから、自分の気功とのギャップを感じていた。」

ちなみにその友人が学んでいた気功を学び、インストラクターになった人が京都でデモンストレーションを行うことになった。むろん、畑村はその場に駆け付けた。それが本にも書いてある谷田会長、三山先生の話だ。その場では畑村一人だけが呼び出され、二人の気功を実体験することになる。以来、二年間にわたって、畑村は気功に夢中になる。ちなみに当時の畑村は小遣いが二万円で気功の受講料が一万円。その頃はタバコも吸っていたというから、諸々の経費合わせると、よく二万円でいけたものだと思うのだが、「必要なときは必要なだけのお金がちゃんと入ってきた」という。

同時に、この気功教室で学んだのは「心の在り方」でもあった。人間というものがいったい、何なのか、正しい想いとはどういうことか…、ここでの体験は畑村が後に冠光寺眞法・保江創師との出会いで「合気（愛魂）開眼」に至る大きな礎になった。

ちなみに現在、氣空術で行われている「練功・収功」は谷田会長と三山先生が編み出したものだそうだ。二人が気功をやりながら、エネルギーの流れを感じつつ、それを高め、氣の巡りを良くするにはどうすればいいかを感じ、考えながら作り上げたという。練功・収功を実際に体感されている門下の方なら、終わったときの気持ちの爽やかさ、心が静まるかのような状態はご存じのとおりだと思う。

愛妻との別れ

一

空手の指導者として、さらに筋力のみに頼らぬ武術を求めてさまざまな武道・武術家と交流をし、さらに気功をも学ぶ。仕事も一事業の責任者的な立場を任され、愛する妻と三人の子どもの父でもある。畑村の人生は順風満帆のように思えた。ところが、その家族に悲劇が襲う。

ある日、病院で検診を受けてきた妻が「ちょっと、おかしいところがあるから、再検診するんだって」という。「おかしいところって、何やねん」と訊ねる畑村への答えが「乳がんのうたがいがある」だった。それは次の検診で正式な診断がおりる。

だが、そのときの医師の言葉は「この程度の症状なら、一回の手術で済みます」だった。それに安心した畑村だったが、何と手術当日になって、妻から出た言葉が「私、手術するの嫌や。私の病気は自分で治す」だった。唖然としながらも畑村は懸命に手術を薦めた。しかし、妻の決断は変わらない。大切な伴侶の病である。初期の発見で日帰りの手術で治るなら、なぜ、「もっと強く手術を薦めなかったのか」という自分の問いに畑村はこう答えた。「妻の気持ちも分からんでもなかったしねぇ、『そうなんか』としかいいようがなかった」と。

畑村の自著にもあるように、以来、妻は「自分で作った病気は自分で治すんだ！」と、自分でできる限りのことに懸命に取り組んだ。有名な整体院の紹介も受け、自然治癒の力を信じて治そうとした。だが、癌は次第に進行していく。癌発覚三年後には妻の胸は片手で支えなければならないぐらいまでに腫れ上がっていく。

当時の話を訊ねるうちに畑村は一瞬、悲しそうな表情を浮かべて、「かわいそうだったよ…」とつぶやいた。

しかし、すぐに気持ちを切り替えるかのようにこんな話を始めた。

「加古川の隣町の高砂に高御位という山があるんよ。そこは山そのものが霊山と言われていてね、ここの松の木の枝を採って、二月までの『寒の水』という冷たい水の中に入れるんですよ。ここに砂糖を少しだけ入れて蓋をして発酵させる。それを飲んだ人が自分の癌が治ったという話を聞いてから、毎週末は松の枝を採りに行きました。一本だけ、これはいい！　というのができたんやけどね。」

仕事と空手の指導と多忙な中での奔走ぶりである。そんな畑村に妻はこう言ったそうだ。「あなたの身体が壊れるから、もう止めて。」

それでも畑村は何とかして妻の病を治そうと試みた。この当時、畑村は八光流柔術とも出会い、その治療技術である皇方指圧をも学んでいた。「今日はこんなことを習ったよ」と懸命にその指圧を続ける毎日。そんなある日、妻の背骨に触れた畑村は愕然とする（本にもかいていてある部分）。

なんと、背骨がボコボコになっていたのだ。前日までそんな症状はなかったのに。「これはいったい…！」と唖然としながらも、「治したい」の一心で指を触れていると、その背骨がフラットになった。その変化に驚きながらも指先を触れる場所を変えていくと、同じようにボコボコになっていた背骨が真っ直ぐになっていく。わずかの間に元通りになった妻の背骨に驚きながらも、畑村はこう思った。

「妻がこんな目に遭ったのも自分のせいだ」と。それまでは空手一筋。育児も家事も全ては妻に任せっきりだった。その負担が妻に大きな影響を及ぼしていたのではないかと…。

例えば、こんなこともあったという。妻も子どもも家族の全員が風邪で寝込んでいる。元気なのは畑村一人だけ。普通なら、その元気な夫が家族の看病をしても良かろうはずなのだが、「なにも考えてへんかったね～。これから道場に行ってきま～す！　って、感じだったから」――妻はそんな夫に文句の一つも言わず、好きなようにさせてくれていたそうだ。

「だから、家内が癌に冒されたのも自分が原因ではないかと…。あのときは申し訳ない気持ちでいっぱいになった。」

畑村をはじめ、家族の懸命な看病は続く。にもかかわらず、残酷な運命は癌の進行をさらに深めていった。見かねた畑村は「頼むから、もう病院に行ってくれ」と悲痛な思いで説得し、嫌がる妻を無理矢理、入院させた。だが、この時点での手術は厳しいという非情な判断がくだされる。そして、抗がん剤での治療が始まった。当時を振り返って、畑村はこんな話をしてくれた。

「皇方指圧の先生が神社の神主をやっていてね。私にこんなことを教えてくれたんです。みなさん、本当の神社のお参り方を知らないと」…普通は神社にお参りに行く際、手を合わせて何らかのお願いをする。そうじゃないというのだ。正しくは問題を神様に任せて、約束をする。それを聞いた畑村はこうしたそうだ。

「嫁にとって、いちばんいい方法で決着してほしい。その代わり、私は百日間続けて毎日、ここにお参りに来ます。」

それから毎日、出勤前の早朝の神社参りが続く。連日一回も休まずにである。すると奇跡が起きた。妻の入院する病院に向かった畑村が一刻も早い手術をと依頼したところ、順番待ちで三カ月先まではできないという答えが返る。肩を落として帰ったその翌日のことである。自宅に病院から一本の電話が入った。「急ですが、奥様の手術を一週間後にする」と。

それはちょうど、畑村が百回目のお参りをしたその日のことであった。

手術は無事に終わり、辛かった妻の症状も軽くなった。そしてその年の十二月に退院。「それはもう、るんるん気分で家に帰ったよ〜」と畑村。元旦も家族全員がそろって、楽しいひとときを過ごすことができた。だが、そのささやかな幸せはわずか数日で終わる。

調子が良くなっていたはずの妻が「股関節が痛い」と訴えてきたのだ。再度、入院して検査すると、癌は他の部位にまで転移していた。再び、抗がん剤の投薬が始まる。「何とか治ってほしい」との思いから、畑村はありとあらゆる民間療法を尽くした。これがいいと聞けば、それをする。癌にはこれが効果があると聞けば、何十万という金額も惜しみなく使う。ある日のこと、そんな畑村に妻がこんなことを言った。

「お父さん、あのね、いまさら優しくなられても困る。逆に気持ち悪いよ。私はせっかく、好き放題にしているあなたに慣れたんだよ。だから、変に変わらないでほしい」…聞かされた畑村はガッカリしたそうだ。

三

それでも一人娘と交替しながらの見舞いは続いた。無理も出たのだろう。畑村はインフルエンザに罹ってしまった。さすがに病院には行けない。そこでテープレコーダーに自分のこんな声を録音した。「お～い、元気か？　俺は病気で見舞いに行けへんけど、がんばれよ！　俺の声で元気になってくれ。」

だが、その数日後、病院から「危ない」との連絡が入った。家族全員が集まり、個室に向かったところ、苦しそうにしている妻がいた。そして小声で「苦しいから、酸素マスクを外したい」と言いながら、自分でマスクを外した。すると、フッと意識が途絶えた。「もう、駄目か」…その場にいた全員がそう思った。悲しみの涙が皆の目にあふれるとき、奇跡的に意識が戻る。

その翌日のことだ。畑村が見舞いに訪れると、ベッドに横たわる妻がこう訊ねた。「みんな、なんでこんなに頻繁にお見舞いに来てくれるの？」この期に及んで、隠すことはできない。決意した畑村は真実を伝える。「実はもう、おまえは長くないねん」それを聞かされた妻の姿を今も鮮明に覚えているそうだ。

「えっ、嘘でしょ？　私、何ともないんだけれど」…しかし、その時点で肺には水がいっぱい溜まっていた。苦しくないはずはないのだ。

「本当に私、死ぬんやろうか」…つぶやく妻に返答を窮した畑村は、ベッドの傍に先日持ち込んだテープレコーダーがあるのを目にした。「きっと、これが妻との最期の会話になるだろう。その声を録って、子どもたちに残してやろう」—そう思った畑村は妻にさまざまなことを話しかけた。長男に、次男に、次女に伝えたいこと、家のこと…そして最後にこんなことを訊ねた。

「俺と一緒になって良かったか?」それに対する答えはこうだった。

「うん、本当に良かった。後悔なんか、いっこもしてへんよ。本当に有難う」—畑村はホッとするとともに深い喜びを感じたそうだ。

しかし、妻とそんな会話ができたのはその日限りだった。

四

その二日後、畑村にとって最愛の妻は逝く。さぞや悲しみに暮れたことだろうと訊ねたら、こんな答えが返ってきた。

「それがね、誰もが悲しくなかった。一度、死んだかという予備演習みたいなものがあったでしょ。それに家族は本当に妻のことに全てをやり尽くした。妻も自分の選んだ道で天寿を全うしたと思う。その思いがみんなにもあったんかな。息を引き取って、医者の『ご臨終です』という声を聞いても泣かなかった。」

「子どもたちがこういうたんよ。『お母さん、天国に旅立ったんだね。きっと、上からぼくたちのことを見下ろして、微笑んでいるよ』。『お母さん、本当に有難う!』ってね。その場に居合わせた医師が驚いてねぇ。『こんな家族は初めて』だと。『本当にいい経験をさせてもらいました』と、感謝されたよ。」

五

幸いにも子どもたちも大きくなっていたから、育児に苦労することもなかった。食事は母が残してくれた献立表を見ながら、全て娘が作ってくれた。父親としての畑村洋数を子どもたちがどう見ていたかについては、第五章以降に記載した、長男・畑村吉彦の物語を読んでいただければ分かると思う。一部だけ書くと、長男である吉彦は三歳から、二男と長女は五歳から父親の指導する空手道場に連れて行かれた。三歳、五歳の子どもがである。否も応もない。強引に稽古させられたようなものだ。特に長男・吉彦は父である畑村が怖かった。空手道・拳友会会長であり、氣空術主宰の畑村には今も畏敬の念を抱いている。取材時、「厳しくし過ぎたと思うことはありませんか」と聞いたら、次の

ような話があった。

「厳しすぎたと思う。特に長男には自分の全てをぶつけるような感じだったから。でも、それを乗り越えて、みんな良くがんばってくれた。親の私がいうのもなんだけど、厳しくされたからこそ、三人とも人に対する優しさを持っている。『人の足を踏んでもその痛みは分からない。自分の足を踏まれて初めて痛みを知る』っていうでしょ。足を踏まれるのが実の父親だからね。親父に厳しくされたから、心の痛みが分かって、人にはそうはすまいと思うんじゃないかと…。特に吉彦は何度も離れながらも、ついてくる。ともに稽古に臨んでくれる。そこは『合気』という摩訶不思議なものに魅了されたからじゃないかな。」

畑村がそう語るように、確かに吉彦もこう語っていた。「いろいろあったけど、結局、自分も氣空術のことばかりを考えていると思う」と。父親は常に子どもたちに対して、その背中で語りかけていたのであろう。

合気を求めて

畑村の合気探求の話に戻る。年齢と筋力のみに頼らぬ武術を求めていた畑村はその後、多くの武道・武術家との交流を深めていく。八卦掌の世界で三本の指に入るという達人との縁などもできた。それぞれに素晴らしいと感じる術・技もあったが、自らの空手にそれを落とし込められるかというと、それができない。釈然としない思いを抱きながら、それでも畑村は求め続けた。そんなある日のこと、ある中国武術のセミナーに参加する機会があった。そのときの感想がこちら。

「電光石火のスピードでパパーッ！　と来られてね。でも、投げられなかった。そうしたら、手が駄目ならと、太ももあたりで軽くスッと触れられたんです。その瞬間に私の動きが止まった！　それが合気の皮膚接触と同じ原理だと思ったことがある。」

この時点で畑村は合気系武術と八光流柔術を並行して学んでいた。その経験から「この動きと技は合気と一緒ではないか」と思ったという。すでに求めるものが目の前に現れていたのだ。日本武術・最高奥義と言われる「合気」というものの存在が…。

くっつく掌を

合気、それは一瞬にして相手を人形化してしまい、自由自在に技をかけられるという武術の境地（合気に関する詳細は別章に記載）。それを学び、会得し、空手にも応用したい。畑村が目指したのはそこだった。

合気開眼にアプローチするような出来事はあったのだ。それは八光流柔術で出会い、親交を深めた桃塚との稽古中の出来事。

「力を抜けばいいということだけは分かってたんやね。でも、それがどう技に展開されるかが分からなかった。桃塚さんも同じ境地を目指していたから、それは熱心に稽古したよ。当時は姫路の体育館でやっていたんだけれど、桃塚さんは誰よりも早く稽古場所に来ている。だから、私も時間帯を合わせて稽古前から二人でやっていたんだ。」


ある現象が起きたのは、その稽古中の出来事だった。なんと、お互いの掌がくっついて離れない！　そのくっついた掌を軽く振るだけで投げれるし、投げられる。「これ一体、なんやねん…というぐらい、ビチャーッとくっついていた」という掌による投げに驚いた畑村は、その場にいた他の門下にも声をかけて、実体験してもらった。

「それはもう、みんなバンバン投げられる。やっぱり、合気はあるんだと思ったなあ、あのときは…」

しかし、その現象はそのとき一回限りだった。以降、何度やっても同じことは起こらない。桃塚との稽古も何度も繰り返したが、やはり、できない。「それはもう、何度も稽古した。でも、この稽古では、これ以上のことは望めないと止めてしまった」—しかし、それでも畑村は諦めなかった。合気は必ずある！　そして、その合気を練るための基本が「合気上げ」であることを知った畑村は、別の合気系柔術の稽古に参加する。そこで見たのが立った状態でやる合気上げの稽古だった。

「黒帯の道場生がやっているのを見て、これは凄い！　と…『ぜひ、私にもやってください』とお願いしたけれど、かからなかった。他の人は上げられるし、投げられている。でも、私が全力で押さえつけると上がらないし、他の技にもかからない。残念でならなかった。」

冠光寺流

合気を求める切なる望み、それは平成二十一年の九月に実現する。岡山市の野山武道館における冠光寺流柔術との出会いだった。稽古時間前から道場に着いた畑村は一人の師範代に合気上げを望む。がしかし、上がらない。それでも期待を込めて稽古に臨んだ。最初にペアを組んだのが先ほどの師範代である。力の限り相手の手首を押さえる畑村。そこへ、保江創師が師範代に一言、アドバイスをした。すると、上がった！　それも両手が上がる程度のものではない。立ち上げられたのだ！

「嬉しかったね〜。合気の基本とも言われる合気上げ。それはもう、ものの見事に上げられたから。」

次にメンバーチェンジをしたのが女性の師範代。ここで畑村はさらに驚愕する。非力なはずの女性にも上げられるのだ。その女性師範代からこんなことを言われた。

「畑村さん、もっと力を抜いてください。目の前の相手を大事にして、愛するように…。」

そのアドバイス通りにすると、女性師範代が軽々と立ち上がるではないか！　交替して、畑村が押さえてもやはり、上げられる。胸中に感動を覚えながら、畑村は思った。「そうか、こういうことだったんだ！」と。

力を入れないことの重要性。そして、合気の根幹は「愛」だということを。

「それまでは斬った、張ったの世界だったでしょう。それがまるで真逆の世界。それはもう、嬉しかった。」

稽古中にもかかわらず、畑村は保江創師のもとに駆け寄った。そしてこう言ったそうだ。

「保江先生、分かりました！　本当に有難うございました！　この素晴らしい教え、稽古のみならず、講演などはされていないのでしょうか。」

熱心な畑村の声に微笑みながら保江創師はこう話したという。

「今はそういうことはやっていないけれど、宜しければぜひ、これからも稽古にご参加ください。」

やっと、本物に巡り合えたと思う畑村に有無はない。以降、毎週土曜日、野山武道館に参加することになる。

合気開眼までの布石

一

話は少しさかのぼる。それは畑村が冠光寺流に入門して三ヵ月目で稽古納めが行われたときのこと…。稽古を通して、畑村はある男と親しくなった。その男の名前は炭粉良三。ともにフルコンタクト空手を長年、修練してきたという二人は妙に気が合った。武術の稽古は、こういう者同士でやると、しっくりくるものである。畑村は炭粉と会うのが初めてであった。そんな初めて同士での稽古の途中のこと、合気柔術の技をやり合っていたものの、なかなかしっくりこない。業を煮やした二人は「空手家同士なら、フルコンでやるか！」と、その場で打ち合い、蹴り合いの組手を始めた。すると、ここでもまた、桃塚との稽古で体験した「異様にくっつく掌現象」が起きたのである（炭粉良三『合気真伝』にこのあたりの詳細が書かれてある）。

「炭さんが打ってきたところに柔らかく触れただけで、私の掌がピターッとくっついて離れない。炭さんが『なんや、これ！』って、驚いていたよ。それを軽く振っただけで、投げることができた。『おお！　これや、これ！』って思いながら、二人で何度もやったよ。それはもう、楽しくて二人してケタケタ、笑いながらやっていた。」

しかし、その不思議な「くっつく掌現象」はその場限りでまたしてもできなくなる。だが、畑村はこの体験を通して、次第に合気の感度を高めていった。

二

畑村の「合気確信！」、それは冠光寺流の某テレビ番組の収録時に起きた。畑村が道着に着替えて道場に行くと、レポーター役で空手経験者のタレントが、突き・蹴りのシャドウをやっている。その動きが俊敏で柔らかく、実に様になっているのだ。空手家である畑村から見ても、「こいつ、色帯クラスのレベルとちゃうぞ」と思えた。そして収録が始まる。ここでその男と保江創師との収録のための稽古が始まるが、いつもなら簡単に決まるはずの技がかからない。「いつもの保江先生と違う」…収録後、保江創始は畑村に近寄り、声をかけた。「彼は生まれつきの天性でアイキモードになっています…驚いた！」実際に畑村と組んで稽古が始まると、教えを着実に吸収し、次々にこなしていく。そして稽古と番組収録の休憩中のことだ。ふと、その男を見ると、なんと壁にもたれかかって熟睡しているではないか。「なんちゅう神経してんねん」と驚いている畑村に彼の相方が一言、こう言った。「彼、いつもこうなんですよ」と。

「あの男、ほんまにアイキモードになってるんやろうか」と畑村は思ったそうだ。

話を戻そう。稽古が終了したところで収録もいったん終わった。その一部始終を見ていた畑村はふと、思うことがあり、その男にこう声をかけた。「おまえ、空手やってるんやろ。ちょっと、俺にローキック蹴ってくれへんか」――いきなりそう言われ、遠慮もあったのだろう。彼は軽めに畑村の太ももにローキックを蹴ってきた。一発、二発…そして次の三発目を蹴ってくる瞬間に畑村はアイキモードに入った（無心で）。同時に軽く前に出ようとしたところ、相手が目の前にいない。「？」と思いながら下を見ると、蹴ってきたはずの男が倒れているではないか。倒されて、唖然とした男は立ち上がるなり、こう言ってきた。

「畑村さん、今のはいったい何ですか？　ぼくは何をされたんでしょう。もう一度、やってみせてください。」応じた畑村は同じように三回、ローキックを蹴らせる。そして最後の三発目でフッと手を差し出すと、先ほどと同じように倒れた。そのときの模様を畑村はこう語る。

「倒れた瞬間に軽く足で踏んだんよ。そうしたら、『ギャーッ！』と声を上げてね。あまりにきつそうだったから、すぐに離した。あれが自分のアイキモード発動だったんやね。起き上った彼が驚いて、これは何をされたんですか？　と聞いてきたから『これが合気です。あなたにもそれができているんですよ』というたんよ」――畑村が「合気がいかなるものか」を体感した瞬間だった。

当時の出来事を感慨深げに語る畑村。そして自分はこの取材において、畑村がもう一つ重要なことに気づいている事実を知るのだが、それはまた、後で書くことにする。

三

収録終了時の体験で「これか！　アイキモード…それは完璧に『無』になることなんだ」ということに気づいた畑村。何も考えない、何もしようとはしない。それが合気の現象を引き起こす。以来、空手の道場でも今までできなかったことができるようになっていく。力は入れない。柔らかく動く。不自然な身体の使い方はせずに自然に動き続ける。畑村は次第に自らの技に確信を深めていった。

ちょうどその当時、畑村は自身が主宰する「やすらぎの道場」の門下の紹介で、和歌山の某所に機会をみては通っていた。詳細を書くことはできないが、某所とは国の研究機関である。生化学、金属、放射能の専門研究員が国の事業、あるいは企業の委託を受けてさまざまな分析・研究を行う機関なのだが、畑村はそこのＡという人物と昵懇になる。そして、このＡ氏は放射能研究の専門家であった。

取材時（平成二十七年十月）、畑村からこの話を聞かされたときは事の詳細が分からない。そこで、その場で畑村からA氏に電話をかけてもらい、どういう仕事なのかを直接、確認した。その内容はこうだ。Ａ氏は放射能の実験・研究を行う。現場では何十万ベクレルという高濃度の放射能と向き合う危険な業務になる。一瞬のミスで「即死！」という命に関わる仕事なのだ。だからこそ、恐怖や不安といったいろんな感情が起きても、惑わされてはならない。そこでＡ氏はある人物から究極のセルフコントロールともいうべき呼吸法を学ぶ。

それをしていると、こういう現象が起きるというのだ。曰く「血流と脈拍が遅くなる。同時に何の感情も起こらなくなる」…そのうえで、危険な仕事に立ち向かうというのだ。では、その状態をどのようにしてとらえるかというと、磁波工学の機材の測定によって判断するらしい。呼吸をして心を整えたうえで、機材のセンサーで自身の身体の磁波を測定する。センサーの針が動いて、ある角度で止まる。それをＡ氏は「マイナス九十度」の状態だと語った。それが前述の「血流・脈拍が遅くなり、感情をも抑制する」ポジションであるらしい。

畑村がＡ氏と知り合って、この「マイナス九十度」の話を聞いたのはしばらくしてからのこと。その前にこんな出来事があった。

四

「当時からＡ先生に目をかけていただいていたんだけど、いつ頃からか会うたびに『畑村さん、あなた様は名人ですね』と言われた。名人なんて言われてもねぇ…。確かに空手は長年、やってきたけれど、そんな名人なんてレベルとちゃうぞと思ってた。」

そんなある日、畑村はA氏から、こんな依頼を受けた。「今日、ここに娘さんが柔道をやっているというお母さんが来ている。畑村さん、一度会って、話を聞いてもらえませんか。」

「そのお母さんという人に会ったら、『小さい頃から柔道を娘に習わせていて、本人も楽しんでいる。でも、出場する大会が大きくなるにつれ、勝てなくなってきた。畑村先生、何とかしてくれませんか』というんよ。私は空手家でしょ。柔道なんて教えられませんと一度は断った。でも、A先生からも『畑村さん、あなたがされている呼吸法や身体の使い方だけでも教えてあげてください』と頼まれたから、じゃあ、会ったときに教えましょうと言ったんだ。」

すると、その母親は「今日、娘を連れてきている」という。畑村に引き合わせた娘はまだ、小学校六年生の子だった。試合に勝てなくて落ち込んでいるというから畑村はその女の子を見て、不憫に思ったそうだ。

「柔道はできないし、教えられないけれど。自分に伝えられる何かがあればと、呼吸法を教えてね。その後、ふと思って、二方向の技をかけてみた。『体感してね』と言って、最初は力で投げようとする…そして女の子が耐えてぐらつく程度で止めた。それでこういうたんよ。『今のは力。これは今までと同じだね。次は力ではない技をかけるからね』、そう伝えてから、二方向をかけた。そうしたら、キャーッって言いながら倒れてね。『こんな技、かけられたの初めて！　もう一度、やって！』って、目をキラキラさせながら言ってきた。何回か投げて、『今のは面白いでしょ』って言ったら、『面白いです！　ぜひ、教えてください！』と喜んでいたなぁ。」

五

今でもそうだが、畑村は技なり、身体の使い方なりを人に伝える際、そこがどんな場であろうと「ちょっと、立ってみて」と指導が始まる。それが喫茶店でも居酒屋であっても、地下鉄の車内でも路上であってもだ。こちらにしてみれば、「えっ、こんなところで！」と驚くばかりだが、実は稽古以外のこういう指導が門下である自分としては嬉しかったりするし、参考にもなる。

その女の子のときもその場で二方向の指導が始まった。すると、素直だし、飲み込みも早い。初めて学ぶ二方向の技がすぐにできるようになった。そんな彼女に畑村はこう伝えたという。

「今、教えたことは誰にもいうたらあかんよ。妹さんがいるなら、二人で稽古してごらん。投げたろうとか余計なこと考えずに、身体を動かす。力は入れない。君はそれができているから、柔道にも必ず応用できる！」

彼女は畑村に言われたことを忠実に守り、妹相手に自宅で繰り返し稽古をしたらしい。その姿を見た母親の喜びはいかばかりであったか。それからしばらくしてからのことだ。その母親から連絡があった。曰く、柔道を続ける気持ちをなくしていた娘があれ以来、変わった。道場にも再び通うようになり、稽古も始めた。なおかつ、そこで他の門下生を畑村伝授の技でバンバン、投げているという。

畑村はその親子とA氏のもとで再会する。そこで、心からの感謝の言葉を言われたそうだ。このときの畑村の喜びが目に見えるようである。

ここで話はA氏の「マイナス九十度」に戻る。実は畑村はそれまでその話を知らなかった。先にも書いたように、A氏は磁波工学の機材を用いて、土地や水、あるいは人の磁波を測定している。それによって、人の身体の何処に滞りがあるかを調べることができ、畑村はコレステロールの数値を下げるためにここに通っていた（同時に「ここにくると、何かあるかもしれない」という期待もあった）。

話は続く。それは畑村が近くの喫茶店で休憩していたときのこと。喫茶店の前に畑村のバイクが置いてあるのを見つけた例の親子が「あっ、畑村先生がいる！」とそこに入ってきた。いろいろと雑談をしていると、実はその母親もある特殊な能力を持っているという。それについての詳細は書かないが、興味を惹かれた畑村は母親の話に耳を傾けた。そこで聞いたのだ。「マイナス九十度」のことを。「それって、一体、どういうものだ？」と強い関心を抱いた畑村は「申し訳ない」とその場を離れ、Ａ氏のもとに駆け付けた。

「先生、マイナス九十度ってなんですか？　ぜひ、教えてください！」興奮冷めやまぬ畑村にＡ氏は笑いながら答えたそうだ。「畑村さん、まあ、落ち着いて。まずはこっちに来て座ってください。」そういって手招きしながら、磁波工学の機材を持ち出し、センサーを近づけながら、こう言った。「畑村さん、息を吸って。吸いこんだら、吐いて。もっと、吐いてください」すると、センサーの針が急速に動いてちょうど、九十度の位置で止まった。そこでこういわれたのだ。「今です！」

「やはりね！　畑村さんはマイナス九十度ができているんですよ」と。

ピンとこない畑村は「先生、こんなの誰でもできるんとちゃいますか？」と聞いたそうだ。ところが、Ａ氏の答はＮＯだった。たとえ、伝授された呼吸法をしても、センサーの針はマイナス九十度で止まらない。それどころか動かない！　畑村の疑問に応えるようにＡ氏は話した。「大切なのは心と身体が調和・統一されていることなんです。」—これを聞いて、畑村は閃くように思った。それは初めてアイキモードを体感できたときと同じ状態ではないかと。

Ａ氏は畑村のその状態をすでに知っていたのだ。だから、「あなた様は名人です」という言葉を繰り返した。

注　畑村がここで体験したのは事実だ。Ａ氏が用いる磁波工学の機材の話も事実である。がしかし、執筆者としては、だからと言って「アイキモード」が科学的に証明されたとは一切、書けない。科学的な証明とは何度も臨床研究を重ねたうえでこそ、言えるものであろう。したがって、自分はあくまでも第三者的な立場で「こういう話があった」ということだけを文章にした。この旨、ご了解いただきたい。

六

自分は畑村が自著でも、あるいは会話の中でも語る「保江先生との最初の出会いで、全てのことが氷が解けるかのように分かった」というのが信じられなかった。いや、その言葉に嘘はないとは思っていたのだが、なぜ、わずか一回の稽古でそれを確信できたのかが不思議でならなかった。さらにいうと、支部稽古の懇親会の席でたまに聞く畑村の話を耳にすると、「それまでの布石は必ずあったはずだ」とも思っていた。

いくつかの節目、節目で合気開眼に近づく何かがきっとあったに違いないと。だから、この本を書くにあたっては、畑村の胸中を探りたかった。そして…初回の取材で「なるほど！」と深く納得するものがあった。それを改めて書き出してみると…

・気功で谷田会長、三山統括講師の二人に出会ったこと。そこで学んだ「心の在り方」。
・癌に冒された妻とのできごと。

特に妻との関わりには、大きなものがあったと、取材を通してつくづく思った。一回目の取材が終わった翌々日ぐらいのこと、畑村から電話があった。「もう一つ、思いだしたものがあったよ！」と。それは妻の背骨の話にさかのぼる。癌の進行にもかかわらず、何とか自分で治そうとしていた妻に畑村はあらゆる手立てで改善を試みる。その一つが皇方指圧だったのだが、例の背骨がボコボコになる状態は前日まで何の異常もなかったのだ。それが翌日になって、急な異常が起きる。そのとき、畑村は前述した以外にこうも思ったそうだ。

「わずか一日で人間の身体はこうも変わってしまうのか。心と身体は密接に影響し合っている…。ということは、俺が妻に対して何か悪いことでもしたんやろうか。」

妻に対する心からの謝罪の思いを抱きながらその背骨に触っているとき、畑村は自分の掌と妻の身体がいつしか一体化するかのような感覚を覚えたという。感覚というより、実際にそうなっているような状態になった。

「あれもきっと、合気だったんやろうね」――過去を振り返る畑村の言葉に、「奥様とのことは会長にとって、合気開眼の大きなウエイトを占めていたんだ」と、しみじみと感じさせられた。ところがである。帰宅して、畑村の自著を読み直すと、そのあたりのことも書いてあるではないか。何度も何度も読み返している本である。あるところは蛍光ペンを塗り、あるところは何度も折りを入れている、かなりボロボロになっている『謎の空手・氣空術』。読み込んではいたものの、自分の心に落ちていなかった一文があった。会長の本をお持ちの方はぜひ、読み直していただければと思う。ここには書かないが、第三部・活法編の「愛魂」の一文である。

七

畑村の合気開眼への布石、それはもう一つある。拳友会・前田会長の存在だ。

「思い遣りが大切だ、それを決して忘れるな。」──保江創師との出会いにより、その言葉の意味することが良く分かったと畑村は語る。

前田会長については前述したが、ここで自著にも書いていないもう一つの話がある。それは「前田会長も実は合気の遣い手だったのかもしれない」ということだ。畑村をして「あの人は本当に強かった。まさに天才だった」というその話はこうだ。

「私の知り合いで、柔道三段、空手も黒帯という男がいてね。今まで一度もきれいに投げられたことないというんよ。なら、うちの会長と立ち会ってみ！　と、道場に連れて行った。そうしたら、一瞬のうちに投げられた。当の本人すら『知らないうちに投げられてしまった』というぐらい、鮮やかに。前田会長も合気ができとったんかもしれんね。組手の際、サーッと近づいてこられただけで、投げられたり、崩されたりしたという人、多かったよ。」

さらに、前田会長にはこんな逸話がある。気功を習っていた畑村が「これを会長に言ったら、どうかな」と思いつつ、話をしたところ、次の稽古に来た前田会長が声を弾ませて言った。「畑村、あれ、すごいな！」何がすごいと思ったのかというと…

「前田会長のお父さんが病で入院してたんやね。医師からも『もう、長くはない』と言われてた。そしてある日、これで最期かということがあった。心電図がピーッと停止した瞬間、前田会長が『今だ！』とばかりに手を当てたら、なんと、蘇生したんやて。でね、また数日後に臨終間際ということがあった。そこで『よし、もう一度』と手を当てようとしたら、お母さんから『もう、逝かせてやってくれ』と止められたんやて。そういう話を思い出しても、前田会長は強いだけでなく、合気（愛魂）ができていたんじゃないかと思うんだ。」

冠光寺流・保江創師との出会いにより、畑村の武道観は急激に変化していく。同時に今までできなかったことができるようになり、身体の使い方も「こうすればいいんだ！」ということが分かっていく。

毎週、土曜日に行われる岡山・野山武道館での冠光寺流の稽古。そこで学んだことを空手の稽古にも活かしていく。すると、できるのだ。相手の突き、蹴りを軽く柔らかく迎えるだけで投げるなり、崩すなりが難なくできる。回を重ねるにつれ、技の精度はさらに高まっていく。なおかつ、畑村に投げられる門下は「投げられても、飛ばされても不思議と悔しくない。逆に楽しい」と口を揃えていう。知らず知らずのうちに、得も言われぬ感覚でかけられる技の数々に相手は驚くとともに、今までとは違う畑村の動きに魅了されていく。それにつれて、畑村も相手と接するときの自身の変容に気づいた。打ち合い、蹴り合いの組手中であるにもかかわらず、一切の闘争心がない。それどころか、相手を包み込むかのような思いでいるのだ。

「嬉しかったね〜。不思議で凄いものを発見したような気がしたから。同時に、前田会長が言っていた『思い遣り』の意味するところも深く体感できるようになった。むろん、全てができるようになったわけやないけどね。できないこともいくらでもあった。そういうときは『ここがあかんねんな』と思いながら、技を練る。その繰り返しも楽しくてならなかった。」

ちなみに、氣空術の技や動きは全て、畑村の閃きの中から生まれてきたそうだ。仕事、あるいはバイクに乗っている際、ふと、「こんなことをしてみたらどうだろう。」—思いついたことを道場で試してみる。すると、できる。かかり具合を感じながら続けていると、相手を変えても面白いように技がかかる。力を入れずに、柔らかく動く。突きなり、蹴りなりを打ってくる門弟を相手に包み込むかのような思いで応じると、相手は耐えようもなく崩れるか、倒れる。「無駄のない正しい動きと技をかける方向、そして皮膚感覚…合気はそれでかかるのか。」

稽古を通して、畑村は「合気とはこういうもの！」という感覚を次第に明確につかんでいく。現在の氣空術の技はこうして少しずつ体系化されていった。これは後日談になるが、腕の道具化、重みは真下、反応不可の二方向、二触法などの基本の動きや技の名前はＤＶＤ発売時につけたネーミングだそうだ。技を紹介するのに、その名前がないと説明しづらいというディレクターの要望を受けて、つけた名前であるらしい。

八

同時にまた、畑村はアイキモードも完璧に会得する。このモードについては高萩の「合気の章」に詳細が書かれるが、簡単にいうと、相手の打つ、蹴るなどの動きがスローモーションのようにゆっくり見える。見えるから、自分はただ、それより早く動いて突きなり、蹴りなりを優しく柔らかく受ける。それだけで相手は崩れ、投げられ、あるいは吹っ飛ばされる。「信じられない」と思われる方も多いだろう。しかし、実際にそういう現象が起きるのだ。炭粉良三が初めて保江創師とスパーリングをしたときのことが氏の『合気解明』（海鳴社）にも書いてある。また、アイキモードとはどういうものかについても、その本に書いてある。興味ある方はぜひ、ご一読いただきたい。

取材中、畑村にこんなことを質問した。「アイキモードができるようになって、稽古でもそれをしていたのか」と。すると、それはやっていないという。なぜ？　と訊ねた自分への答がこれだ。

「それをする必要がなかったから。心と身体が統一されさえすれば、技はいくらでも決まる。アイキモードになる必要もないでしょ。」

武術の深淵ともいえるアイキモード、その状態を術として体系化したのが氣空術。氣空術の要は心と身体、それをベースに「力を入れずに出す」をしていけばいいというわけだ。ちなみに氣空術というネーミングはずいぶん前から畑村の中にあったという。

「心主体の気功を学んでいたでしょ。そこで自分のキーワードになったのが『氣』。気功をやってきた私がいうのもなんだけど、自分がとらえる『氣』は気功の氣とかいうものとはちゃうんよ。エネルギーというか、生命の営みのようなもの。あのね、当時からずっと、こんなことを考えていた。世間では仕事や家庭や趣味って、別個のものとしてとらえてるじゃない。でも、私の場合は『氣』という大きな円の中に仕事があり、家庭があり、空手があった。状況に応じて、優先順位はおのずと出てくる、全ては『氣』という円の中にある。その『氣』という言葉を使いたかったんだ。そして空手の『空』、誰にでもできる『術』としたかったから、考えたのが氣空術だった。」

力を使うことなく、相手をコントロールする術、自分も相手も一体化するかのような調和ある術。

「それは必ずあると思い続けてきた。求めて求めて、求め抜いたうえでたどりついたのが合気だったんやけど、まさかそれだとは思いもしなかったねぇ。」──畑村の想いはやがて、氣空術を編み出すことになった。そこに至るまでの道のりは決して短くはなかったが、全てつながっていたと畑村はいう。合気柔術を学んでいた当時、できたり、できなかったことの理由も全て分かった。だから、修練してきた武術のひとつひとつがつながったと…。「そういう意味で、氣空術の技は全てオリジナルなものではないかもしれない。学んできた武術のトータルなものが原型かもしれないね。」

九

中でも合気開眼の大きなきっかけとなったのが、冠光寺眞法との出会いだが、保江創師の粋なはからいのエピソードがある。

「入門して二年目だから、あれは平成二十三年の話。稽古納めのときに保江創師から三段をいただいたんです。そのとき、弟子の岸川凌子の免状をお預かりした。忘年会に出る前にいったん、ホテルに戻ってその免状の写メを撮って、岸川に送ってやろうと思ったんよ。で、筒を開けたら、免状が二枚入っている。誰かのが間違えて入れられたのかなと思って見たら、一つは岸川の冠光寺眞法初段の免状。もう一つは私の冠光寺眞法五段の免状だった。保江先生の嬉しい気遣いやったんやねぇ…あとの忘年会で先生にお礼の言葉を伝えたら、優しい声で『いえいえ』って、ニコニコ笑いながら背中を叩いてくださった。あんときはほんまに感動したわ。」

こうして急速な変化を遂げていく畑村の武術。その過程を実体験してきた現・拳友会指導員・浜野友之の言葉をここに紹介する。

十　門下が見た、畑村の変容

ここで、浜野についても書いておかなければならない。高校の三年間、空手部に身を置いた浜野だったが、卒業後は仕事の都合で好きな空手から離れざるを得なかった。拳友会に入門したのは平成七年、あの阪神大震災が起きた半年後のことだ。この時点で浜野は

三十九歳。武道を再開するには、遅めの年齢である。体力的な問題はなかったかという自分の問いに彼はこう答えた。

「高校時代も『直接打撃』の空手だったし、二十歳ぐらいにしばらく稽古したこともあったから、慣れるのに時間はかかりませんでした。逆に改めて空手をできる喜びのほうが大きかったですね。」

ところが、彼はヘルニアが悪化してしばらく入院していたのだ。久々の空手の稽古のときである。やはり、腰痛が起きた。

「それがあまりにもきつかったから、会長に『腰が痛くて…』と言ったら、稽古の度に気功をやってくれたんです。みるみるうちに改善したのには驚かされました。」――その浜野の驚きは以降、さらに増していくことになる。


当時、畑村は八光流と合気系武術を習っていた。力を抜くことで技の威力が変わることを少しずつ体感していた畑村が桃塚とともに、試行錯誤しながら稽古していた頃である。その後、冠光寺流柔術・保江創師との出会いにより、変貌を遂げていく畑村の動き。「浜野さん、これは本物だよ！」という誘いを受けて、彼も月一回、岡山の野山武道館の稽古に参加した。合気に開眼した畑村の技は空手にどのような変化をもたらしたのか…自分の質問に彼はこう答えた。

「技の柔らかさ、動きがみるみるうちに変わっていかれました。空手特有のガツーン！という受けではなく、吸いこまれるかのような受け。受けられるというより、こちらの突きが止まるような感じになるんです。だから、最初の一発を打っても、次の二発目が止まってしまい、打てなくなるんです。」

それらの動きや技は次第に体系化され、やがて「氣空術」として誕生していく。

「毎日のように会長と稽古していたから、変化は急にというより、テレビの画面が変わるかのように『気付いたら、こんな風になっていた』という感じですね。それでも初めのうちは信じられなかった。組手で思いっきり打っていっても、会長がフワッと手を出して、それに触れられた瞬間に固められて投げられる。こんなはずはないと、何度もかかっていきましたが、相手にならない。信じられないけど、会長の動きがやたらと早いんです。最初の頃は驚きの連続でした。」

二十年以上、畑村の門下として仕えた浜野はこうも語っていた。

「氣空術、『何とかしてやろう』という気持ちが芽生えると、途端にできなくなる。未だに『しまった、今日は自我が前面に出てしまっていたな』と反省することしきりです。それだけ、氣空術は『心』の部分が大きい。でもね、それがあるからこそ、冷静になれる状態を継続できるようになったかなと…。肉体的のみならず、精神面で大きな進歩があったことを確信しています。」

浜野から見た畑村は武術の師のみならず、「ありとあらゆる面での師匠」だという。畑村との出会いがあったからこそ、仕事を初めとするあらゆる人間関係の場に「心の使い方」ができるようになったそうだ。

「人生の勉強をさせられているような感じですね。会長から言われた言葉で心に残っているものがあります。『チャンスは待っていたって、来ない。自分でつかみにいかんとあかん。何か食べたいと思っても、口を開けてるだけじゃ、ゴミしか入らへん。食べに行かないと、食べたいものが食べれないのと一緒やねん。』—会長は言葉の表現が分かりやすくて素晴らしい。だから、その都度その都度の『教え』をいただいています。いついかなるときも前向きにチャレンジできる心、氣空術を通してつかめてきたと思っています。」

十一

当初、氣空術の動きや技にその名前がなかったのは、その応用・発展技がいくらでもあるからだ。名前をつけると、技、つまり身体の動きはパターン化する。しかし、実際の攻防となれば、相手はどんな攻撃をしてくるか分からない。スピードのある者もいれば、圧倒的なパワーをもった者もいる。打撃や組技のエキスパートもいる。相手の攻撃には「こうきたら、こうする」という固定された技はそう通用するものではない。相手によって、しかけてくる技に対して千変万化に対処できなければならないというのが畑村の持論。だから、二方向も二触法も何百種類もの動きや身体の使い方がある。さらにまた、畑村の技は彼の語る「閃くように感じて」から、新しい技や動きが次々に生まれてくるのだ。多くの門下が「会長の動き、さらに進化していますよね」と感嘆するように、止まることなく進歩していく。

しかし、である。一つの武術を編み出して、それを本人だけでなく、門下ができるように伝えていくのは至難の業だ。なかなか伝えれなくて、葛藤したことはないか？　と取材時に訊ねたところ、こんな答が返ってきた。

「一度もないねぇ。だって、教えればできるんだから」――至極明快な言葉である。そのとき、門下の一人として即座に訊ねた。「その場ではできる。でも、すぐにできなくなる。そのあたりはどう思われるか」と。

「余計なことを考えるからでしょ。もう一度、巧くやろうとか、上手にやろうってなるから、正しい動きができなくなる。稽古中に私が教えて、一度はできる。その後で『もう一度、やってごらん』っていうと、みんな一様に止まるよね。深呼吸したり、力を抜こうとしたり。それがあかんねん。何も考えずに動いてやる！　それを無心というか、愛というか、言葉にすればそんなものになるかな。大切なのは感じて、動くこと。すると、力が入らない自然な動きができる。」

以前、畑村からこんな話を聞いたことがある。

「人間ってね、もともと自然な動きを身につけてるねん。ところが成長し、人生の中でいろいろなことを心や身体にまとっているから、本来の自然な身体の使い方ができへんようになる。だから、稽古でその余計なものを捨て去っていく。たとえば、『力を入れずに出す』みたいにね。腕の道具化だってそうだよ。力がない小さい頃は腕だけでなく、身体も使ってものを動かしたりする。だから、無駄で余分なことをしない、自然な動きを取り戻せばいい。それだけのこと。」

畑村の話を聞きながら、こんなことも思いだした。一年ぐらい前、稽古中に言われた言葉である。

「やってやろう、巧くやろうは自分の我。我が出ると、相手の我とぶつかるよ。武術の話とは違うけどね、昔の花嫁さんは嫁いだ先に行って、夜、寝るときに鏡をもって『今日の私は嫁としてどうだったろう』と自分の顔を見ていたんやて。良き妻であったか、『私が…の我』を出していなかったか。でね、自分が写る鏡からその『我』をなくすと、神になる。いい話と思えへん？　自分を抑えろというんやないよ。自分の中にあって、何かを口にするとき、やるときに『自分の我』を出さない。そういう意味なんやね。」

十二

取材後半、「氣空術という場の中で、いちばん嬉しいことって何ですか」と聞いてみた。

「それはもちろん、門下のみんなが伝えた技ができて、できた人がすぐにその場で、他の人にも伝えられること。氣空術の理合はシンプル！　だから、余計なことをやろうとせず、素直にやりさえすれば、すぐにできる。できることと会得することとはまた別問題やけど。他では秘伝・秘術と言われる技も実はちゃんとした理合がある。だからこそ、誰もができるようになる。それがいちばん、嬉しいかな。」

この畑村の言葉を聞いたとき、自分は畑村が保江創師と空手経験者のタレントとのテレビ番組収録時にいったことを思い出した。

「これが合気です。あなたにもそれができています。」

つまり、素質にもよるが、そのタレントが番組収録時に保江創師との稽古を通して合気をつかんでいたと、畑村は指摘していることになるのだ。

すなわち、「合気は伝えることができる！」、畑村がそのとき、気付いたこととはこれである。

稽古中、畑村は門下が技ができたときはそれこそ、破顔一笑、実に嬉しそうな顔をする。ある門下がこんなことを言ったそうだ。「会長のそういうときの笑顔って、最高ですよね！　本当に心から嬉しそうだから、技のできないこちらまで嬉しくなる」―だから、氣空術の稽古では門下の笑顔が絶えない。一見、厳しいはずの武術とは内容が異なるかのようだが、それでいいのだと自分も思うようになった。

十三　畑村洋数伝　最終章

最後に「氣空術という武術、どのようにとらえているか」を訊ねた。それが門下へのメッセージになると思ったからだ。

「まだまだ、発展途上の武術だからね〜。これからまだまだ、私自身が気付き、感じることも数多いと思う。武の目指す頂上は遠いよ。でもね、氣空術、自分が編み出した武術をこういうのもおこがましいけど、『ここがいいな』と思うことがある。門下の方には今までも今も他の武道・武術、

格闘技をみっちりやってきた方が大勢いる。そういう経験値にも付加価値を与えられると確信しているし、実際に『使える！』という声もいただいている。そんな声を聞くと、自分のやっていることは間違いないんやなって思う。同時に、未経験の方や女性からも『こんなことが私にもできるなんて！』って、喜びの声を聞かされる。武術は本来、人を殺傷することを目的にしてるけど、目指すところはそこやねんなぁ。それは『生かす、活かす』ということ。生まれて間もない氣空術だけれど、それが私の目指すところ。いざというときに使える心と身体と技を練る。その一方でふだんの生活場面でも使える知恵や心をつくる。そこがいいかな〜って思うんだ。」

氣空術とともに、あらゆる面で成長過程だというのが畑村の考え。ならば、師の目指す頂上を同じように目指すのが門下の姿勢と言っていいだろう。武術を生活レベルに落とし込んで、自分の人生を良くしていく。それが畑村が望む最高の喜びだと思う。

第五章　氣空術・合気探求者たちの足跡

つわものたちの合気探求編

氣空術にはさまざまな武道・武術・格闘技をやり込んできた方が大勢いる。打撃なり、組技なり、自己の身体を鍛えに鍛え抜き、さらにその上の身体技法と武術の可能性を求めてきたプロセス。そのお話を電話、あるいは直接、お会いして本人から伺った。いずれも快く取材に応じていただき、畑村会長との出会い・氣空術に入門されたいきさつを語ってくれた。

心から「武道・武術」を真摯に求めて修行しているのだ。

以降に彼ら一人ひとりの「合気探求」の過程を紹介する。つわもの達が合気を求め、氣空術にたどりつく物語、ご拝読ください。（本文中、いずれも敬称略）

オーストラリアからの訪問者

一

それは平成二十六年の初夏のある日。会長から「オーストラリアから稽古に参加したいという方の申し込みがありました」というメールが届いた。その方の名前はCraig Leeson。さばき空手と合気道の道場を主宰されている方だという。そんな方がまたなんで、氣空術というマイナーな武術を知ったのかと思う自分に畑村がこう答えた。

「動画を見たんやて。そんなに大したものとちゃうんやけどね、『unbelievable !』っていうメールが送ら

れてきたんよ。武術・武道にそれは熱心な人みたいだよ。せっかくだから、彼が来る暁にはみなさんにも本部道場の稽古に参加していただきたい！」

ちょうどその頃、自分も「また、本部道場へ行きたい」と思っていた矢先だったので、すぐに参加する旨の返信をした。当日は後に紹介する愛媛の加賀山も「稽古に参加する」という畑村の言葉に胸が躍った。そして、九月下旬に稽古は行われた。

本部道場を訪ねると、すでにCraigは、当時滋賀県（現在は京都）から通っていた新国と稽古をしている最中だった。確か、二方向と重みは真下の合成技をやっていたと思う。彼は戸惑いながら、その技を行使しようとするが、なかなかできない。一流の武道家とはいえ、新しい技、しかも氣空術のような通常の身体の使い方とは違う武術の技は、そうは簡単にできるものではない。

しかし、そんな彼を見ていて、「さすがだな」と思ったことがある。自分にかけられる技の感覚を身体で味わうかのように受けているのだ。通常、氣空術の技をかけられると、なにがなんだか分からないうちに投げられる。それも一瞬のうちに、だ。分からないから、自分も同じようにできない。

そこで悪戦苦闘するのだが、彼は「身体にどのような技がかかっているか」の感覚をつかもうとしていた。

本部での稽古はその日、金曜日の夜と翌日の土曜日の昼からも行われた。そして、稽古が始まったときのことである。なんと、この自分がCraigの稽古相手に指名された。氣空術の基本もおぼつかない自分である。断りたかったが、会長の指名だからそれはできない。

なおかつ、実際にCraigと向かい合うと、身長こそ低いものの、全体的にがっしりしていて身体の軸や重心の重さは半端じゃなかった。そんな彼に自分が基本的な二方向なり、重みは下などの技をかける。すると、かかるのだ。前日から稽古しているから、身体が柔らかくなっているのか、いつになく調子がいい。すると、ここでも彼は自分に「かけられる技を心と身体」で感じるかのように吸収しようとしていた。その様子を見て、改めて感心したことを覚えている。

初めての稽古体験であるにもかかわらず、それができるのは相当に武道をやり込んできた人の感覚である。「体得する・身につけるコツ」を自然につかもうとする下地があるのだ。それはCraigの取材をした時点で納得できた。彼は自分が思っていた以上に凄い武歴の持ち主だったのである。

二

Craigは一九七〇年に来日。ある著名なフルコンタクト空手の本部道場で五年間学び、そこで黒帯を取得。その後、一九七八年に「さばき空手」で有名な空手家の本部道場に入門する。創始者の直接指導を受けながら一七年間にわたって修行する。段位はなんと四段！　以降、その弟子の一人が独立して開いた空手道場で一二年間修行。

しかし、稽古を続けるうちに「武道はパンチとキックだけではない」と思うようになり、空手の修行と並行して合気道の道場にも入門した。その道では著名な師のもとで十五年間学んだ彼はここで二段を取得。現在、オーストラリアで自分の道場を持ち、空手と合気道を教えているとのことだった。

日本武道をこよなく愛し、会得しようとする彼の姿勢には敬服の思いがわいたものだ。余談になるが、動画だけで氣空術を理解できる人は非常に少ないと思う。しかし、なんらかの武道・武術をしてきた人なら、そこで何かが分かる。Craig がその一人だった。

稽古終了後、彼に「氣空術の稽古を通して、何か得られるものはあったか」と訊ねてみた。その答えがこちらだ。

「Kikuu-wonderful！　力を入れないというのが非常に難しかったですね。しかし、それが今まで私がやってきた武道とは違うものだということは分かった。例えて言えば、空手では瓦や板を割るなどの破壊力を鍛錬する。それは岩を砕くかのような技だ。しかし、氣空術の技や動きは『柔らかい水の流れが岩を削っていく』かのようなものがある。二日間の稽古だけでそれを会得するのは難しいが、力を入れない、身体を柔らかく使う感覚を自分のものにしていきたいです。」

続けて、Craigはこうも語った。
「武術の達人は人格者でもあるという思いを久々に感じさせられました。武道は私にとって、人生の一環でもあります。そして氣空術はそんな私に大きな感動を与えてくれました。いつかまた、この素晴らしい武術を学びに来日したいと思っています。」

三

Craigは会長をして「その心は日本人より日本人らしい」と言わしめた男だった。稽古中に道着が乱れたら、「押忍！」と言って、その場を離れ、道場の隅で着衣を整える。本来、武道は「礼に始まり、礼に終わる」のが基本。それは武道・武術のみならず、茶道でも華道でも我々、日本人が古来より大切に継承し、育んできた「心の作法」だったのだ。

それを外国人であるCraigがしっかり身につけているのだ。我々が忘れつつある、礼儀・礼節・道徳・倫理という日本の文化そのものを。取材をしていて、彼から「真の武道家」の気概と信念が伝わってきたことを覚えている。真摯な思いで氣空術を学ぼうとするCraigに会長も熱心に指導していた。氣空術の基本や原理・原則を伝える中で「それらが技として応用されるとどうなるか」を噛んで含めるかのように伝えていた。ゆっくりした動きで技を伝える会長と、身体の感覚でとらえようとする彼の姿が今でも印象に残っている。

彼のこれからの活躍を心から祈ってやまない。また、本書出版にあたって、Craig からの投稿文も送られてきた。それを掲載する。

Message from Mr. Craig

Here are a few lines I put together about my experience of KKJ:

"I first became interested in KKJ on 'YouTube', when I saw an elderly lady in a kneeling position, being held by both arms, lifting a young man up to a standing position almost effortlessly. I guessed the lady was around about 60 years old or so. I could not believe it, "it must be fake," I thought.

I must find out about this. I contacted Mr Hatamura about training with him in KKJ when I next came to Japan, my 21st time to travel to Japan to practice martial arts.

Hatamura Sensei and his students welcomed me with open arms. Their KKJ was 'real' and fantastic with the hours too quickly passing by.

Having practiced martial arts for over 45 years I realised there was still very much more to learn.

I am really looking forward to my next trip to practice KKJ with Hatamura Sensei and his students again.

Hope this will be ok.

Take care, regards Craig　Osu

ここでまとめた数行は、私が氣空術を経験し、体験したその感想を寄稿するものです。

私が初めて氣空術を知り、興味を持ったのはYouTubeを観てです。そこで見たのは、年輩の女性が正座で座り、両手を上から抑えられた状態から、若い男性を難なく持ち上げるというものでした。その女性は、六十代くらいだと推測しますが、まさしく、信じれない光景を目の当たりにし、「絶対、偽物だ！」と思いました。私は、これを経験して確かめる必要があると感じました。私は、すぐ氣空術　主宰　畑村会長にコンタクトを取り、次に日本に来たときには氣空術の稽古を体験、経験したいと思い、約束をしました。

これで日本に武道を求めきた数は、二十一回目となります。畑村会長と生徒に両手で包みこむように歓迎されました。

経験した氣空術はまさに本物でした。そして、とても素晴らしい武術であり、その時間はあっという間に過ぎました。

私は、武術を四十五年以上稽古してきました。　しかし、この度の氣空術の稽古で、武術の深さは、まだまだ学ぶことがたくさんあると気づきました。

　私は、次回二十二回目となる武者修行、稽古を氣空術の主宰・畑村会長やその門下生と練習できることを楽しみに待ち望んでいます。　押忍

愛媛「合気」の求道者

一

　加賀山敏朗（氣空術愛媛松山支部・支部長）と初めて会ったのは、氣空術・本部の稽古に参加したときのことだった。受け手・かかり手のペアを組んで合気技の稽古をしていたのだが、初めは、そこそこにこの技を使うことができた。岸川、堀江と交替するごとに「できていますよ」と言われ、いい調子になっていた。（今、思えばかかりやすいようにしていてくれたのだろう）
　次に交替したのは自分より、はるかに小柄で初老の男だった。しかし、雰囲気に一種異様な迫力がある。この人が加賀山だった。体得できたと思っていた技を使おうとしたら、全然、かからない。このとき、やっていたのは相手に胸倉をつかまえさせ、崩す技。ところがしかし、びくともしない。「力が入っていますね。それでは崩すことはできませんよ」と言われ、今度は自分が受ける側にまわった。すると、いとも簡単に崩されてしまった。何度やっても同じ結果になるので、「思いっきり、力

を入れていいですか」と聞いた。肩・腕に力を入れるだけではなく、丹田に意識を落として相手の胸倉を握り込む。今まで合気系武術の人にこれをやって、大半の人に技をかけられたことがなかったのだが…これまたアッサリと崩されてしまった。

「小磯さん、力でやっていたら、どうにでもすることができます」と言われ、「試しに私の手首をつかんでください。力いっぱいで」と言われた。実際に力いっぱい押さえつけたら、自由自在につかんだ手を動かされる。「これはね、私が力で対抗してないからできるんです」自分は細いけれど、力にはある程度の自信がある。にもかかわらず、どうにもならないほど翻弄されてしまうのだ。

「会長が言われているでしょ。力を入れたら、固ま

るって」そう言いながら、片手を肘にかけられ、抵抗しようもなく膝をつかされてしまった。その後、ありとあらゆる技をかけられ、終いには頭まで押えられて倒された。あまりにも一方的にやられるので悔しくてならない。「崩される前に肘か膝を飛ばしたら、どうなる」と不遜なことまで思ってしまった。

二

しかし、並大抵の人ではないなということは分かった。後で本部・門下の堀江に聞いたところ、「今まで合気系柔術をやっていて、一度も投げられたことがないそうですよ」とのこと。その加賀山が畑村と手合せして投げられてしまい、氣空術に入門したそうだ。稽古中、自分は何度も投げられ、崩されたので、「この人、完璧に氣空術ができているじゃないか」と思ったのだが、傍で見ていた会長が「加賀山さん、まだ力になってますよ」と一言。そして今度は畑村と加賀山が組んだところ、一瞬にして加賀山が投げられてしまった。

自分も過去にわずかな期間だが、合気系柔術を習ったことがある。だが、それとは質が違う。改めて会長の技に感嘆すると同時に、加賀山の技にも感心してしまった。あれだけできるということは、もう何年も氣空術をやってきたのだろうか…。それを畑村に聞いたところ、「加賀山さんは、松山から車で五時間近くかけて月一回、本部に通っているんです」というではないか。しかも氣空術に入門してまだ二年しか経っていない。地元・愛媛で自主稽古もしていたらしいが、入門二年であそこまでのレベルになるとは…。

この日以来、加賀山に強い関心を抱くようになった。以降、彼の合気探求編である。

加賀山は大学時代に四年間、合気道をしていた。それは社会人になってからも続く。しかし、大学在学中と卒業後にやっていた合気は、全て「力による合気技」だったと、加賀山はいう。合気道を学ぶ人なら、一度は読むであろう合気道の創始者・植芝盛平翁の本。しかし、そのような達人の技を見せてくれる人は一人もいなかった。

「やはり、あれは単なる伝説の話なのか。」—加賀山は合気に対する情熱が次第に冷めていく。

三

そのうえに当時の彼は仕事の忙しさも続いていた。

「ようやく仕事もひと段落ついたころ…またしても、合気道に興味がわいてきてね、五十歳になってから『もう一度、やってみよう。真の合気技がきっと、何処かにある』と思ったんです。それからというもの、全国で行われる武道のセミナーや講習会に参加するようになりました。」

しかし、「名だたる武道家の講習も受けたけど、全てが『力技』になっていた」と当時を振り返って、加賀山はいう。彼は身体が小さいから、体格差があるとどうしても力負けする。本来の武道・武術にはその差を埋めるだけの技があったはずだと、彼の合気探求は途絶えることなく続いた。そんなある日のことだ。ロシア武術・システマのセミナーに参加した彼は「おまえは身体が固い」と言われる。

「そこでハッと気づいたんですね。『身体だけでなく、自分の意識に滞りがある』と。以来、身体の外部ではなく内部の動きに敏感にならなければ…と思うようになりました。『合気は相手の内部を固まらせて、そこに技をかければいいのではないか』って。」

加賀山はその後、改めて地元・松山の合気系柔術の道場に入門する。そこでの稽古は正味一時間程度。技の感覚をつかみたかった加賀山は稽古後に、他の稽古生とともに稽古に励んだ。同じ技を何度も繰り返し、できたとき、できなかったときの感覚をつかもうと必死になった。

人は真剣に稽古に臨むと、変化してくるものだ。彼も少しずつ自分の身体の内部の動き・感覚が分かるようになってきた。特に自分の「身体を緩めることの重要性」を感じるようになった。

四

その後、加賀山は一般の合気道に飽き足らず、当て身をも使う実戦合気道を学ぶ。この話を聞いた際、彼の意欲に敬服したものだ。武道に限らず、どの分野でも人一倍の稽古と研究心が上達につながる。やがて彼は簡単には投げられない感覚をつかんだ。合気道の高段者や道場の師範が投げようとしても技がかからない。そんな彼に何度も師範から「昇段審査を受けてください」と勧められた。

しかし、彼が目指したのは段位を取ることより、「合気を体得する」ことだった。だから、ずっと白帯のまま。しかし、道場の雰囲気が少しずつそんな加賀山を敬遠するようになってきた（熱心な門下生は加賀山との稽古を求めた）。

「私も血気盛んでね～、それならもう辞めると退会したんですよ。武道たるもの使えてなんぼの世界。違う相手に通用しない合気など、武道であるものかと思ったんですね。」

そう語る加賀山の話を聞いて、拍手喝采したくなった。自分もまったく同じ考えを持っているからだ。しかし、辞めたとはいえ、つかみかけた合気の世界を諦めることはできなかった。そんなある日のこと、ふと、立ち寄った本屋で一冊の本に気を惹かれて手にとった。それが会長の著書『謎の空手・氣空術』だったのである。

合気系柔術をやっている人でも合気を使える人は滅多にいない。にもかかわらず、「空手をしている人が果たして合気を使えるのだろうか」…加賀山は疑問を持ちながらも、読書に熱中したそうだ。やがて、氣空術に対する関心は日増しに強くなる。こうなったら、直接、畑村という人の技を受けてみたい。決意した彼は愛媛から車で五時間近くかけて神戸の本部道場へと出向いた。

五

「そこで畑村先生に手合せをしていただいたのですが、技をかけられてびっくりしました。投げられないという自信を持っていた自分が簡単に投げられたから」と加賀山は語る。あの衝撃的な突き技も体験したそうだ。「先生の技は完璧に極まる。これは本当に凄い！」驚愕した加賀山は二回の稽古を体験した後、氣空術に入門する。合気への飽くなき探求心が彼を氣空術へと導いたのだろう。

以前、その加賀山からこんなメッセージをもらったことがある。

「神戸に月一回通いだして二年になりますが、氣空術はもちろんですが、畑村先生の人間力にかないません。二年の間に『人としての心の持ちよう』を教わることが多くありました。それに伴い、自分自身の武術に対する考え方も変わりました。今は過去のように強さは求めていません。それよりも、武を学ぶうえで変わっていく自分を楽しみたいと…。合気系の武道は相手の外部ではなく、内部の動きに敏感になりますが、自分の身体の内部の動き・感覚には敏感な人は少ないです。でも、身体が緩んでくるとその感覚が少しずつ分かり始めます。」

「そこからがおもしろいですよ。結びもお互いの統一感の感覚です。スピードとパワー重視の武道や格闘技系をされてきた方は、それはそれで素晴らしいと思います。強さあってこその武の技ですから。ただ、それだけをやっていると、私も含めて筋力は年齢とともに衰えていく。だから、自らの体内感覚を磨いていくことも大切かと。ただ、それを会得するのは難しいです。苦労もします。また、無意識にできた自然な動きを頭で考えると、不自然な動き（外見は同じに見えて）になるので余計に訳が分からなくなるのでしょうね。それを『術』としても体系化された畑村先生は、私から見たら天才です。」

六

彼の話は続く。

「私の時代は『盗んで覚えよ』の時代でした。畑村先生のように、秘伝も秘術もなく、これだけオープンに指導するところはないです。今の私は子供時代に戻って遊ぶ感覚で稽古しています。門下のみなさんが学ぶ目的はそれぞれ違うと思いますが、心身ともに楽しむ時間が取れ、仲間の人たちがいることが今の私の一番の幸せであり、喜びになっています。」

加賀山を取材した内容はブログにも書いた。それを読んだ彼から「私の事は過大評価です。門下生の方はもちろん、他の合気系の武道の方も私以上の人はたくさんいます」とメールが送られてきた。

だがしかし、自分にしてみれば、加賀山の合気技は今まで体験しなかった技のオンパレードだった（平成二六年四月時点で）のだ。同時に、氣空術の技は再現性があることを改めて感じて嬉しくなったものだ。畑村だけが特別なのではなく、門下の全てがその技を使えることに希望を感じさせられた。「自分も修練を積めばできるのだ」と…。

ひたすらに「武」の道を楽しむ

―

氣空術・名古屋支部がスタートして以来、都合をつけては、わざわざ京都（当時は滋賀）から畑村の指導補佐として参加してくれる男がいる。準指導員の新国武志だ。彼の教え方は会長

とはまた別の意味で分かりやすく、ていねいだ。門下生が二方向の技などで、できずに苦戦しているときは「今のは一方向が斜め右にずれていますよ。もっと、真っ直ぐにやってください。そうそう、そんな感じ。そこでもう一方向をかける！」言われたとおりにやると、できるのだ。手を取り、足を取りという言葉があるが、新国の指導は微妙な感覚を言葉で表現する。

精妙なまでの圧と結び、それらの感覚も彼の指導で分かるようになった部分も多い。年齢は自分のほうが上だが、氣空術においては新国のほうが先輩である。しかし、稽古を続けることを通して、年齢差も越えた親しい人間関係になっていった。今では自分にとって、稽古仲間であると同時に友人の一人でもある。そんな新国の合気探求の足跡を追ってみることにしよう。

二

新国は二十歳のときから五年間にわたって、スーパーセーフ着用の顔面有り、金的有りのフルコンタクト空手を学び始めた。激しい打撃攻防の空手で何度か大会にも出場していたそうだ。スーパーセーフは頭部の防具としては安全性が高いが、それでもまともにパンチをくらえば、衝撃は頸椎にまで響く。見た目から優しい印象の彼が「よくぞ、そんな過激な武道をやっていたものだ」と思うが、武の道を歩む者が目指すのは「強くなる」にある。彼もひたすら、それを目指して稽古に励んだ。しかし、社会人になって仕事が忙しくなるにつれ、自然に道場から足が遠のいてしまった。

とはいえ、武道・武術への気持ちがそうは簡単に薄れるものではない。時間を見つけては合気系柔術をはじめ、古武術の体術の講習会やセミナーに参加していた（それは氣空術を学ぶ今も変わらず、琉球手のセミナーにも定期的に参加し、学んでいる）。

武道・武術家の講習会やセミナーに参加してどうだった？　の問いに彼はこう答えた。

「さまざまな方の達人技も目の当たりにしましたよ。『これは凄い！』と感激することがいくらでもありました。ただ、その当時は優れた先生方の技の本質が分からなかった。『そうか、こういうことなのか！』と実感するようになったのは氣空術を学び、会長からさまざまな技の説明を聞くようになってから。そこで分かるようになったんです。『達人と呼ばれる先生の技の使い方は繋がっている』ということを…。むろん、その理合の全てが理解できたわけではないけれど…。」

三

この話を聞いて、納得したものだ。畑村も常々、言っている。「武道・武術、目指すゴールは全て同じ。ただ、そのアプローチが違うだけ」だと。新国はそれを感じたのであろう。そんな彼が氣空術と出会ったのは、『謎の空手・氣空術』を読んだのがきっかけであった。そして、関西で行われた講習会にも参加する。そのときの感想を彼は次のように語る。

「今までさまざまな武道・武術の講習会、セミナーに参加してきました。激しい打撃攻防のものから型だけのもの、いずれも素晴らしいと思ったし、それぞれにリスペクトさせられました。ただ、氣空術における会長の技は自分にとって、より衝撃的でした。一瞬に決められる合気技、そしてあの突き技の威力…『これは凄い！』と驚愕させられました。」

突き技のときは多くの講習会参加者の中から「きみ、空手やってるやろ?」と呼び出され、「なら、こういう突きはどう?」と打たれて、ふっ飛ばされたらしい。

「あんなのは初めての体験。テイクバックも無く、ごく軽く突かれたのに凄い衝撃で胸がミシッと音を立てたんです。しかし、もっと驚いたのは、そんな衝撃があるのにダメージが無かったこと。『これは一体、なんやねん』と驚かされましたよ。」

「こんな武術が存在するとは」…感動すら覚えた彼はその場で氣空術に入門。当初は稽古するのが楽しくて、滋賀から毎週のように参加していたそうだ。当然ながら、交通費もその他の経費もかかる。「これでは、お金が続かない」と思って以来、月一回の参加としたらしい。夢中になると、そんなものだ。お金も時間も忘れて没頭してしまう。そこまで、新国が氣空術に魅了されたのはどこにあるのかを自分の自宅で聞いたことがある。

「まずは武術として素晴らしいこと。会長はぼくから見れば、まさに達人の領域。本人は「まだまだ」と否定しますけどね。それが第一の魅力。第二の魅力は技の再現性・恒常性があること。優れた技を使う先生はいても、それがその弟子たちに継承されているかというと、なかなか…。武術の技はそれだけ難易度が高いんです。しかし、会長は『誰もができるようになるにはどうするか』を日ごろから考え、指導上の工夫をされている。その教えはシンプルで分かりやすい。だから、伝えられたことを誰もができるようになる。第三の魅力は、武術であるけれど、そこで培われたものは日常のあらゆる場面に応用が効くということ。術理が根幹にあって、仕事や家庭、人間関係など、さまざまな場面で『心と身体の在り方』を使えることですね。」

「それから、稽古をしていると童心に還るかのような思いになるんです。子どもの頃、あったじゃないですか。遊んでいてひっくり返るだけでも楽しいってことが。稽古中はそんな感じなんですね。バーンと投げられても気持ちいいから、爽快な思いになる。純粋な人間の喜び、人間が人間足りうる何かがあるように感じています。」

続けて、新国はこう話した。

「自分は武術をやっていることを人に話したことがないんですね。でも、氣空術のことだけは伝えていきたいな〜と。心と心のつながりを築くコミュニケーション術…氣空術はそんな一面を強く持っているように思います。」

四

温厚そうに見える新国だが、以前は怒ることが多かったらしい。しかし、そんな気持ちでいると「氣空術の合気がなくなる」と、怒りを収められるようになった。「会長が言われるような『人間性の質を高める』までには至らないけれど、少しずつでも会長の心の境地に近づきたい。そう思わせるほどに氣空術は技と心と人間関係がリンクしていると思います。」

この男、素晴らしいことというなと話を聞きながら、感心したものだ。武を練りながら、人間性をも高めることの意味合いは自分も自覚している。自分こそ、まだまだなのだが、それでも思考の柔軟性や創意工夫する考えは少しずつでも向上してきたように感じるのだ。このあたりは武道・武術の本質でもあったと思う。人が人として生きる知恵、生きていくための心の在り方、武術は人を殺傷することを目的に修練する術であると同時に、自らの精神性をも高めるもの。平常心を常に持つことは難しいが、それを保てることはありとあらゆる状況に対処できる思考と心を磨くことにつながっていくと確信している。

五

「最近、かかり稽古の最中に相手の動きの流れが分かるようになってきたんです。毎回とまではいかないけれど、徐々に…。そうすると、ふだんの生活でも人の心が何となくつかめるんですね。相手の心と一体化して流れるというか、滞りない人間関係が築けるようになりました。たとえば、こんな練習ってやっていませんでしたか？　人混みを歩くときに瞬間的に避けたり、捌いたりしながら歩く方法。今はそうではなく、流れに乗るようにしてるんです。どうしてもぶつかりそうなときは譲る。クルマだって同じだと思います。車間距離というけれど、運転しているのはヒト。流れに乗る感覚を大切にすれば運転マナーも良くなるし、事故もなくなると思うんですね。」

新国とこれだけ長い時間、話すのは初めてだったが、こうして取材する機会を持ったことは自分にも得難い体験になった。以降、彼との付き合いが深まることになる。年齢の差なく、教えられ、伝えられることはいくらでもあるのだ。ともに稽古をしたある日、食事の席で新国がこんな話をしたことがあった。

「ぼくにとっての武術は『強くなること』が目的じゃない。言葉は悪いかもしれないけれど、道楽なんです。武という道を楽しむ！」

その言葉に偽りはなく、傍から見ていて「本当に楽しんでいるんだな」と思う。飄々として、本当に風のような男なのだ。歩む道を楽しむというのも一理ありかと…。武術・武道観はそれぞれのものがあっていいのだ。

荒武者が求め続けた合気の世界

一

高萩英樹の武歴は十四歳から始まった。幼少の頃より大人しい性格で引っ込み思案だった彼は、強烈ないじめの被害者であった。「誰よりも強くなりたい」――その一心でフルコンタクト空手を徹底的に学ぶ。熱心な稽古が実り、彼の実力はみるみるうちに上達した。漁師町で育った高萩は、気の荒い県民性の中で揉まれ、次第に度胸も備わっていった。武道・武術、格闘技、技術面もさることながら、このような精神的にタフな人間は次第に頭角を現すものだ。空手で強くなった高

萩は「顔面攻撃のテクニックも身につけたい」と、キックボクシングのジムにも入門する。

「空手では強かったから、自信があったんです。でも、キックのジムでスパーをやったら、ボコボコにやられた。顔面の有る無しで、こうも間合いが違うものかと思いました。」


それから、連日のようにジムに通った。キックのオフェンス、ディフェンスも徹底的に練習し、最終的にそのジムの一番強い男をスパーで倒すまでになる。「俺は強い！」若き情熱と闘志がたぎる年頃だ。体格も体力にも恵まれている、誰よりも強いという気持ちが持ち前の度胸をさらに上塗りした。当時を振り返って、高萩はいう。「傲慢なまでに自信を持っていました」と。しかし、そんな高萩の鼻っ柱をへし折るような出来事があった。それはある空手家との出会いだった。

「その先生は我流の空手をされていたのですが、噂を聞くと『本当に強い！』という。フルコンタクト空手やキックボクサーなど、打撃系格闘技のつわもの達が秘密裏に通う道場だと…。なら、その強さを実際に体験しようじゃないかと、キックをやっていた知人と訊ねてみたんですね。で、稽古が始まったとき、自分を含めてそこにいる人に、先生がこう言ったんです。『みんな、空手の心得があるんでしょ。なら、六人全員まとめてかかっておいで。怪我はさせないから、大丈夫』って。」

二

先生の言葉を聞いた高萩は全力で打ちかかった。その瞬間である。打ち込んだか否やの前に投げられ、道場に叩きつけられてしまった！　己の強さに自信満々だった高萩は驚愕したという。即座にその場で入門を決意した。

「投げられたのは、合気技とかではなく、物理的な力でふっ飛ばされたんです。それはもう、圧倒的なパワーでした。なにしろ、その先生の前腕、太かった私の腕より、二回り以上も太かったぐらいで…。」

この先生との出会いが高萩の空手観を変えた。ちなみに実際の攻防はスーパーセーフ着用の顔面あり、眼突きあり、金的あり（ノーファウルカップ着用）の禁じ手なし。寝技状態で相手の喉笛を突くなどの練習も行う。コンセプトは「最短で急所を攻撃する」という過激なまでの内容である。さらに当時、フルコンタクト空手では珍しかった「さばき」も真っ先に取り入れられ、ヌンチャクやサイをはじめとする武器術まで稽古に導入されていた。「今、思うと、殺人術を習っているようなものだった」と高萩は語る。

その練習内容は半端でなく、相当にハードだったそうだ。三六種の手技、三六種の蹴り技のシャドーをそれぞれ一〇回。その後、手技の後は拳立て伏せを各一〇回、蹴り技の後はスクワットを各一〇回行う。トータル三六〇回の拳立てと、三六〇回のスクワットを毎回行わねばならない。なんと、しかもこれが準備運動。これだけで初めの頃は全身、ガタガタになったらしい。また、サンドバッグの中身は何と、海砂！（通常は布切れ）。それを泣きながら打ち、蹴りまくった。過酷な練習だったが、高萩は毎日のように稽古に通った。「ここなら、本当に強くなれる」という一心だった。ちなみに「競技的な大会には一切、興味がなかった」という。高萩が目指したのはあくまでも武術空手だったのだ。「化け物みたいに強い」という師と「強さだけを求める」という弟子。まさに、竜虎のごとき師弟関係である。

高萩は道場内でも次第に頭角を現していく。そんな彼に先生も期待をしていた。しかし、まだ若い彼に「道場を背負って立つ」までの気持ちは起こらない。何より将来は東京、いや、世界で働きたいと思っていたからだ。更にだ。その道場が大手の某空手連盟に加入する事が決まり、下段蹴りが禁じられたことも「武術空手」を目指す高萩の熱意を下げた。その後、彼は先生から学んだ空手をベースに、自らの打撃武術を進化させてきた。そしてこの当時から、高萩の頭には「合気」に対する関心が目覚めていったのである。

三

「強さ」を追い求めていた高萩の武道人生。しかし、やはり誰もが同じ道を通るように、彼も年齢とともにパワー、スピードの衰えを感じざるを得なかった。そんな高萩をさらに悲劇が襲う。顔面麻痺、味覚障害、寝ているだけでも目眩がする。ラムゼンハント・シンドロームという難病である。このあたりの状況は高萩の書いた「合気の章」にも記載されているが、当時の彼は、子どもが産まれたばかりであったし、マンションも購入していた。現代医療でも治療難易度が高いと医師にも言われ、絶望感に見舞われる。医師の治療を受けても治らない。薬を飲んでも改善しない。さまざまな代替医療も試みたがそれも駄目。「俺は一体、どうすればいいんだろう」―悩み、煩悶する高萩だったが、ある日、女子サッカーの澤穂希のブログを読んだ。そこには自分と同じような病気に罹り、懸命に治療する彼女の記事があった。

その文面を読んだ高萩は「これだ!」と思ったという。目眩の世界から脱却するには、あえて動いて特殊な平衡感覚に脳を慣れさせればいいのではないか! ちょうど、高萩の住むマンションのトレーニングルームに、同時多方向に負荷を与える筋力トレーニングマシーンがあった。これに乗ることで、目眩に対して脳を強制的に慣らそうと決意した。その成果は奇跡的に高萩の症状を軽減していったのである。同時にこんなことも考えた。

「武道の受け身を徹底的にやれば、さらにこの症状は改善されるんじゃないかと。そこで以前から興味を持っていた、合気系柔術に目が向いたんです。」

以来、高萩はさまざまな合気系柔術のセミナーに参加する。このほぼ同時期、友人が合気道を始めたことや他の合気系柔術を学んでいる知人もいたため、高萩の合気に対する関心はさらに高まった。

「動画で合気道養神館の塩田剛三先生の演武を観て、柔らかい身体の円の動きに興味がわいたんです。それまでは最短で急所を攻撃するという武術だったから、それとは正反対の動きだと。ある意味、感動しました。」

思い立ったら、行動は早い。高萩はとある合気系柔術の道場に入門する。

四

筋力に頼らぬ合気の世界。高萩が求めたのはそれだった。

「面白かったですよ。その道場ではいろいろな学びがありました。しかし…自分には一切の合気技がかからなかったんです。稽古だから、投げられなければならない。でも、それはあえてかかっている状態。投げられながら『これは使えるんだろうか』と、いつも疑問を抱いていました。」

しかし、高萩は合気への関心を捨て切れなかった。道場に通いながらも、さまざまな合気系柔術のセミナーにも参加した。たとえば腸腰筋を使った発力法や関節技的なもの、さらには脱力による技法など…。あらゆる合気系柔術の技を実体験するものの、それでも高萩には合気の技がかからない。その頃の思いを高萩はこう振り返る。

「合気はどこかにある。あってほしいとの一念で探し求めた合気の世界。でも、どの合気技も自分にはかからない。後半はさすがに疑いの気持ちがわいてきました。」

五

そんな折も折、氣空術・東京講習会が行われることを知る。「ここで駄目だったら、もう、合気は諦めよう。」高萩はそう思いながら、関東式合気の研修会で知り合った友人Yとともに講習会に参加した。がしかし、ここでも彼に合気はかからない。何一つとして、合気技がかからないのだ。その周囲には投げたり、投げられたりをしている参加者が大勢いる。「にもかかわらず、自分にはかからない。やはり、駄目だったかと寂しいような気持ちになりました。」—高萩は当時の胸中をそう語った。

寂寥感に包まれるような思いになっていた高萩の心が変わったのは、講習会後の懇親会に参加したときのこと。その日の講習会には氣空術・主宰の畑村のみならず、数名の本部門弟たちも指導にあたっていた。その全員が「みなさん、明るくて、優しい方ばかりだった」と高萩。

そんな雰囲気がいつしか、高萩の胸のつかえを融かした。さらに、近くの席にいた畑村の長男、吉彦とも親しく会話をした。合気がかからないという高萩の思いを察したのだろう。吉彦はその場で高萩に合気上げを試みた。

しかし、上がらない。そんな高萩に吉彦はこう言ったそうだ。「もっと、心も身体も柔らかくなってください」―そう言いながら、吉彦は合気上げよりさらに難易度の高い人差し指上げを試みた。すると、今まで岩のように動かなかった高萩の身体が半分近くまで上がるではないか。「あのときですね、これは何かあるんじゃないか、ここは本物じゃないかと思ったのは…」―さらに懇親会が終了して数日後、高萩の携帯に畑村からこんなメールが入った。

「高萩さん、あなたには、なかなか合気がかからない。でも、あなた自身は合気を使えるようになります！」「貴殿はやはり特殊な方なのでしょう。しかし、これも天から授かったものです。ご自身が合気にかけられるのではなく、合気をかける側を目指して下さい。如何に心と身体と氣を使うかです。本物の合気を使いこなせる人はそうはいません。貴殿はその一人になる可能性は十分にあります！」

初めて講習会に参加した、一体験者に対する師のメールである。感動を覚えた高萩は「駄目なら、駄目でもいい。入門して、やるだけのことをやってみよう。」平成二六年一〇月二九日のことであった。

氣空術・東京講習会はその後、有志の申し出により、氣空術・東京支部が発足する。高萩も毎月一回、行われる稽古に欠かさず参加した。その一心で。だが、「合気とはこういうものか」が体感できない。稽古相手の技にかからないのだ。二方向や二触法どころか、基本的な身体の使い方の感覚すら分からない。しかし、ときどき、自分がかける技には相手が倒れたり、崩れたりする。ここが氣空術の技の難しいところだが、手応えがないのだ。力で倒す、崩すとは違う。「こんなので？」かかるから、それを身体に落とし込むのがなかなかできない。長年、パワーとスピードの武道をやってきた高萩である。その落差があるから、余計に悩んだ。

一時は「ここでも俺は無理かもしれない」と悩んだこともあったらしい。そんな高萩と自分はある時期から、親しくなった。武を学び、ともに同じような経験をしてきた者同士だから、話も合う。「できない」という高萩の煩悶が痛いほどに分かった。その一方で感心もしていた。普通なら、「技がかからない」というその時点で「かからないなら、合気なんてないじゃないか」と思っていいはずである。にもかかわらず、高萩のあくなき探究心は消えなかった。合気への真摯なまでの思い。武神がいるとしたら、そんな人の心には光をかざすのかもしれない。繰り返す支部稽古、稽古仲間との交流が少しずつ、高萩の成長へとつながっていく。

六

そして、ある日の支部稽古。高萩は畑村の直接指導のもとで、「これか！」という体験をする。当時、高萩は自分のブログに支部稽古の度に体験レポートを送ってくれていたが、そのときの彼の「感動の体験」をここに記載する。

…ただ、畳に転がされていました。触れられただけなのに重心が正気を失い、体の軸が瞬間的に曲がってしまう。どう抵抗しても立っている事はできない。そのとき、合気劣等生の私は心身の全てで「合気」を堪能していました。

畑村先生が私に直接合気をかけて下さったのです。

「これか？　これなのか？　これが合気なのか？」詳細は後述するが、師は凡愚の心中を全て見透かしていたのでしょう。

舞うが如き一瞬の動き。師が当方の身体にそっと触れた瞬間、まるでスイッチを切られたかのようにあがらうことができない。自然と身体は崩れ倒されてしまいます。また、何故か倒される事自体が心地良いのです（この時間が永遠に続けばいいのに…）。

幾度もレポートに記載してきましたが、自分は合気を感じる事ができませんでした。過敏に反射してしまう体質故か、自然に脱力して力の伝達を無力化してしまうからです。某柔術系で使われる心法の合気も、瞬き一つで切る事ができます。重力を利用した合気や、腰回し、丹田を利用した合気技術もどれも似たり寄ったりでした。氣空術に出会い、合気は体感する事はできずとも使えるようになりたいと決意し入門。幾ばくかの技はできるようになったものの、それでも何がどのように効くのか全く理解ができず、己の感覚の鈍感さに辟易する毎日を過ごしていました。

氣空術は誰もが再現できるように、合気習得の為の How to が平易な言葉でシステム化されています。現に多くの稽古生が得意・不得意はあるものの合気を発動させています。それでもです。合気を体感できない事には、自分の技に昇華させる事は難しいのです。何故なら何がどう効いているのか皆目解らないのですから…。

これには苦悩しました。基本中の基本である「結び」すら、実感がないのです。これでは合気習得など永遠の夢ではないかと時折絶望が顔を覗かせます。しかし、「合気」をこの身で体験したい。身を持って味わいたいとの悲痛な祈りは、多くの予定調和を持ってここに実現したのです。畑村会長をはじめ、小磯さん、門下の仲間、炭粉先生がさまざまなアドバイスを下さいました。

まるで自分の事のように、当方に合気を体験させたい。習得の方法を教えたいとの一念から、師自らの細やかな直接指導をして頂いています。稽古生同士での自主稽古も開始しました。

気が付くと沢山の同志が自分の周りに集まるようになりました。小磯さんからは通信教育の如く、丁寧に細かく「感覚」について解説や激励を頂いていました。皆様の優しさのお蔭で多くの発見や気付きを得る事ができました。合気は「愛魂」。皆様の思いやりが結実したが故の奇蹟。私は下山さんと稽古しながら感動していました。そして、こう感じたのです。

今なら、きっと今なら、人差し指合気上げができる！　と。傍にいた下山さんに声をかけました。

「下さん、全力で握って下さい！　今です。きっと今ならいけます！」………ボキッ！　鈍い音がしました。かなり強烈に痛かったものの、何とか人差し指での合気上げをすることができました！

七

人一倍、合気探求に熱心な高萩はその後、氣空術の仲間とともに自主稽古をしている際、アイキモードをも体感することができた。引き続き、高萩が体験した合気モードの詳細は、彼自身が記述している「合気の章」に詳細を寄せている。是非参照されたし。また、彼のソレは自分自身も体験した。確かに、彼はそれができている。渾身の一撃を放っても、手が触れたか触れないかで投げられ、崩されるのだ。合気がかかっているとき、攻撃しているこちらはあたかもアクセルとブレーキを同時に踏んだかのような衝撃に見舞われる。それで飛ばされるのだが、ダメージはない。だが、攻撃しているこちらはとんでもなく消耗するのだ。ただし、アイキモードは常に定着するものではない。これは炭粉良三の合気関連書籍にも書いているが、あたかも消えかけの蛍光灯のごとく点いたり、消えたりするのだ。だが、高萩は「それでもいい」という。「一時は合気探求を諦めかけた自分ですから、それができつつある今が楽しい。氣空術の修練を通して、合気の正体に迫っていきたいし、自分がやってきた空手にもそれを通せるようになりたい」

氣空術を通して出会った拳友の「これから」に大きく期待したいと思っている。

東北の武道家が求めた調和の武への道

一

自分にとって、高萩とともに拳友の一人だが、氣空術支部に下山聡一郎という男がいる。電話では何度か話したことがあったものの、初めて会ったときは「こんなのに合気技がかかるだろうか」と思った。自分の倍以上ある太い腕、重厚で見るからに頑丈そうな体格。首も太いし、顎もがっしりしている。こういうタイプ、たとえ、いいパンチが当たったとしても、そうは簡単に倒れはしない。

下山の武道歴は高校時代のフルコンタクト空手から始まる。卒業後、進学・就職で約十年間、上京し、故郷の山形に戻ったときに改めて、その空手の先生の道場を訪ねた。すると、そこでは打撃だけでなく、組技、寝技もやっている。稽古風景を眺める彼にその先生はこう言ったそうだ。「打撃も大切だが、間合の近いところから始める。そのほうが攻めやすい。」伝えられる実戦的な武術の理合の数々…。その話に関心を抱いた彼は「これはもう、入門するしかない」と思わずにはいられなかった。

そこで行われたのはどんな稽古だったか？　と聞いたら、その内容が凄まじい。寝技であれば、時間無制限の一本をとるまで。決着はタップするか、落ちるまでやる過激な内容だった。当時を振り返りながら、下山はいう。

「きつかったですね。バーベルなどのウエイトは使わず、身体を練り上げるような基礎稽古をやる。これが半端なく、ハードだった。初めの頃はそれについていくだけが精いっぱい。そんな調子だから、辞めていく人も多かったです。でも、そこで残っていく人は強かった。みんな、精神的にタフでしたよ。先生も言われていましたしね、『武道の世界、勝つことも大切』って。その一方でこんなことも言われました。『究極的に目指すべきは勝ち負けだけじゃない。それより大切な世界がある』と。そんなことを言われても当時は分からなかったんですけどね。」

自分は組技・寝技の武道や武術は知らないが、寝技の凄味は彼のいうように、執拗なまでに闘う体力と精神力にあると思う。

「むろん、長時間にわたって、フルパワーで攻め続けることはできません。だから、『力を抜きながら、巧みに闘う』こともできるようになる。それと、寝技は打撃とはまた違う怖さがあるんです。通常の稽古では投げられて、首に腕をかけられて技が決まった時点でタップして終わる。しかし、先生との組手ではそこで終わらない。送り襟絞めで抗えなくなるまで攻められる。すると、頸動脈が絞められる苦しみと恐怖が込み上げる。どう、もがいても逃げられずに落ちる。慣れないうちはそれが怖かった。でも、絞め落とされ続けるうちに、慣れるんですね。そういう恐怖に。」

何とも、凄まじい稽古だ。以前、東京支部の稽古の懇親会で、下山が自分の稽古仲間である紺野（脳外科医）にこんな話をしていたことがある。「落とされても、次第に息を吹き返すのが早くなってきたんだけど、それって、いいことなんでしょうか」と。その質問に紺野が困惑しながら、「あまり、いいことじゃないんだけどね〜」と答えていた。ちなみに紺野も若き頃は柔道をやり、三段にまでなっている。やはり、寝技に持って行かれ、落とされた経験が何度かあるらしい。医師の立場から言っても、そういう経験が「鍛えるのとは別問題」ということになるのだろう。しかし、武道も格闘技も恐怖を克服できるのは重要なポイントだと思う。

二

打撃あり、組技・寝技ありの総合武道。持ち前の膂力と体格を活かして、下山は道場でも頭角を現していく。しかし、過酷なまでの稽古は怪我が絶えなかった。それでも無理をしてやる。そのうちに痛めていた膝の負傷が悪化してしまい、半月板損傷になった。手術か負担をかけないかのどちらかに迫られた彼はまずは治療に専念した。だが、なかなか治らない。

「寝技をやっていると、どうしても膝に負担をかけやすいんです。結果、痛めた個所をまた再発させてしまう。だから、しばらく組技・寝技は中止しようと思い、別の空手をやりました。ヘッドギアとグローブ着けての顔面ありで。根っからの武道好きだったんですね。」

だが、負傷した膝はそう簡単に治らない。それでも彼は武道から遠ざかることはなかった。その魅力にはまった人間はそう簡単に身を引けるものではないのだ。

「さまざまな武道や武術のセミナーにも参加しました。中でも興味を抱いていたのが日本の古流の武術。スピードやパワーだけに頼らない、日本人固有の身体操作があるんじゃないかと思ったんです。」

話を聞いていて、「なんで、みんな同じような過程をたどるのか」と不思議に思ったものだ。やがて、下山は日本武道の最高奥義と言われる合気に惹かれていく。

三

何度も武道・武術のセミナー参加を経て、下山は合気系柔術にたどりつく。

「高さん（高萩のこと）ほど熱心ではなかったにせよ、仕事で上京する機会を見つけては、さまざまなセミナーに参加していました。すると、力だけではない、合理的な身体の使い方による技があることも知ったんです。でも、それが実戦につかえるかどうかは疑問でした。演武的なものではない、本物の武道と出会いたいと思っているうちに、ある合気系柔術のセミナーに参加したんですね。その創始者は素晴らしい達人でした。今までやってきた武道とは根底から違う武道。ただ、その門弟の有段者の技はすべて防ぐことができたんです。」

「何とかして本物の合気をつかみたい」―そう思う日々の中で彼が出会ったのが氣空術だった。本を読んだのかと訊ねたら、「youtubeで氣空術の稽古の動画を観た」という答が返ってきた。こう言ってはなんだけど、あれを観た人の感想は二つに分かれると思う。凄いと思うか、師と門弟のやらせと思うかのどちらかだ。下山は徹底的に武道をやり込んできたうえで、合気系柔術の素晴らしさも体験した。その過程があったからこそだろう、「一目見て、これは凄い」と思ったそうだ。

「動画の畑村会長の動きは凄かった。柔らかく動いて、技が一瞬にして決まる。でも、こればかりは体験してみないと分からないと思ったんです。そこで氣空術のホームページからメールを送り、神戸まで稽古に行こうと決意したのですが、どういうわけかメールが届かなかった。ようやく連絡がとれて『この日に伺いたい』と送信したものの、またしても届かなかったんです。後になって、畑村会長も『私も送ったはずなんやけど、どうしてやろねぇ』と不思議がっていました。」

結局、神戸行きの機会は訪れず…。それでも願う気持ちあれば出会いの縁は訪れるものだ。氣空術・東京講習会の話が舞い込んできたのである。下山は「今度こそ」の思いで講習会に参加した。

四

そのときの印象を下山はこう語る。

「会長の本は読んでいたので、ある程度の前知識はあったものの、実際の技を受けると全然、違うものなんですね。なるほど、こういう技を使う武術なのかと驚かされました。相手を思い遣る、力を入れない…身体だけでなく、心の使い方一つで抵抗のしようもなく崩され、投げられる。技術的な側面ばかりにとらわれていた自分の考えとのギャップを痛感したものです。それぐらい、会長の技は凄かった。」

以降、東京講習会がある度に、彼は稽古に参加した。最も衝撃的だった技は何かと聞いたところ、やはり、あの突き技だったそうだ。稽古中、畑村から「こんなこともできるねん」と軽く触れられたと思ったら、ごく軽い突きを打たれた。

「本当に軽く打たれたんです。にもかかわらず凄い衝撃がきて、胸がへこんだかと思った。あれには驚愕させられました。声を上げて、うずくまりそうになったのを今も覚えています。打撃はいくらでも受けてきたけど、あんな衝撃は初めてでした」

以来、下山はますます、氣空術に関心を持った。そして、数回目の講習会の最中、畑村が一人の男を下山に紹介した。見るからに屈強そうな体格で、「これは何らかの武道を相当やり込んできたな」という雰囲気を持つ男だった。それが後に親しくなる高萩だったのである。

「会長に『この人、合気にかからんのやて。ちょっと、相手したってくれへん』と紹介されたものの、重心がやたらと重いというか、自分程度のレベルではとてもじゃないけど、合気技がかからない。こりゃ、駄目だと思いました。でも、縁なんですねぇ、それがきっかけで拳友とも呼ぶ仲になったんですから。高さんとの出会いは氣空術を学ぶうえで、大きなものになりました」

やがて、氣空術・東京支部も発足。下山はその稽古前に高萩と二人で自主稽古を始めた。畑村の指導のもとだと、それなりにできる合気技が二人だとなかなかできない。どうしても力になってしまうのだ。いかつい男二人が「愛ですよ、愛！　もっと、心も身体も柔らかく」と言いながら、稽古をしている姿を想像してほしい。当の本人たちは真剣なのだが、どうしたって、笑えてくる。

五

高萩が自主稽古でアイキモードをつかんだとき、それを共有した稽古仲間というのが、この下山である。いや、正確にいうと、下山はそれよりも早く「これが合気か」という体験をすでにしていた。全力で打ちかかる相手にただ、触れるだけで投げる、崩す、倒すができる。毎回、コンスタントにできるまでいかないにせよ、それができるようになった。実際に稽古中に下山の合気を体験した高萩が「まるで、人ではなく、大きな壁を相手にしているかのような感じだった」という。合気を真摯に求める男たちに武の神が微笑んでくれたのだろうか。

高萩を通して、自分も下山と親しくなった。そして頻繁に電話やメールのやりとりをするようになった。そんなある日、彼がこんなことを言ったことがある。

「氣空術、本当に心と身体なんですね。それが調和•統一されたとき、自然な動きができるようになる。技を会得したというにはほど遠いけれど、少しずつでもいいから、会長の域に近づいていきたい。それとね、こんなことも思うんです。ぼくたち、本当にフィジカルな部分は徹底的にやってきたじゃないですか。武道も格闘技もそれはそれで絶対に大切だと思う。学んでいる技が実戦で使えるかどうかは武道修行者にとって重要なポイントですから。そういう過程を通して会得するものが氣空術にある。ただ、それを学ぶときは今までやってきた自分の中にあるコップの水を空にすることが大切じゃないかと思うんです。例えば、力は入れずに出す！　みたいに。コップを空にするからこそ、新しい水（心身の使い方）が入ってくる。そのときに無駄のない自然な技なり、動きなりを再現できると思うんです。」

この話を聞いたときに畑村の自著のある一文を思い出した。『続　謎の空手・氣空術』の第一部・氣空術総論にそれがある。本をお持ちの方はぜひ、読んでいただきたい。

氣と武道、その先に辿りついた道

―

氣空術・兵庫県東播支部長の阿曽裕之という男がいる。見た目も温厚そうで、人柄の良さが伝わってくるような人物だ。初めて彼と会ったとき、「すごく腰がずっしりと安定しているな」という印象を抱いたことを覚えている。その理由はやはり、彼の武歴にあった。優しくて、闘う武道・武術のイメージと結びつかない彼だが、二十代前半からフルコンタクト空手をやっていたという。稽古仲間にブルース・リーファンがおり、その影響を受けてジークンドーも稽古していたそうだ。同時に気功にも興味を持っていた彼は武道と並行して気功も学ぶ。

「気功の先生が『私も武術をやっていた』と言われ、なおさら共感を抱いたんです。武道の攻防の中で『相手の気を読む、動きを見る』というのがあるじゃないですか。その『氣』の部分に関心があって、やり込めば、自分の空手にも活かせると思ったんです。」

気功を修練するある日のこと、彼は開いた両手に「ボワーッとしたエネルギーの塊のようなもの」を感じた。「これか！　って、思いました。以来、その感覚は

さらに鮮明になり、小周天《しょうしゅうてん》や大周天《だいしゅうてん》で身体の中に氣をみなぎらせる気功鍛錬も始めました。フルコンタクト空手は身体の外側、つまり筋肉を徹底的に鍛えるでしょう。外側だけでなく、身体の内側も練り上げることで、武の動きにプラスになると思ったんです。氣の感覚を得られるようになって以来、毎日、立禅や動禅をやっていました。他にも中国武術の「練り」、「這い」を長時間やったり…。いずれも地味なトレーニングで、好きだからこそ続いたんでしょうね。でも、それを続けるうちに、自分の体内感覚が鋭くなってきました。鋭角的な感じではなく、フワッとした柔らかい感じ。身体の中になんの滞りもない、心地よさを体感するようになってきたんです。同時に丹田の重みというか、重心も安定してきました。」

武道や武術を修行する者はあらゆる稽古法や鍛錬法を考える。強くなるため、鍛えるため、心と身体を整えるため。阿曽は気功で体内感覚を磨きながら、空手の動きにもそれを落とし込もうとした。

二

「気功の先生が中国武術もされていたので、私がやってきた身体操作とは一味違う武の技術も習いました。それが面白くてねぇ…空手の稽古仲間と一緒に夜、松林の中で自由攻防をやったりもしましたよ。」

なんでまた、松林で稽古をしたのか？　という自分の問いに彼はこう答えた。

「氣を感じやすいからです。相手と向かい合って巨大な松の木を背後に攻防をしていると、近づくにつれ、何とも言えない気配を背中側に感じる。自然の中での稽古は人や周りのものの気配を感じるのにとても有効でした。」

前から攻撃をしてもらいながら、背面の気配もとらえることで、後ろからくる攻撃者への対応を考えたのだ。中国武術でいう「内功」を練ることで、フィジカルだけでない武技を会得することが阿曽の目標だった。松林での稽古は自由攻防をはじめ、当たり負けしないためのぶつかり稽古もやったそうだ。

「それによって、相手の打撃を受けても体内で分散させられるような稽古です。他にも互いの前腕をぶつけて鍛えることや、下半身からの動きを腕から手へと伝える稽古もやりました。武術というより、氣を鍛錬するような内容でしたね。しかし、それをすることで、身体が天と地で結ばれるような感覚、一本の軸が身体の中を通って、盤石の態勢を体感することもありました。むろん、常にできるまではなかったにせよ、やり込めばやり込むほど、氣と体内感覚を得られるようになってきました。」

身体の固さが一切無くなり、内部になんの滞りもない気持のいい感覚。それができると、氣空術で何の抵抗感もなく崩されるときと同じような技の現象もあったと彼はいう。

数十年にわたって熱心に稽古をする阿曽は先生からも評価され、「気功やヨガを取り入れた武術を始めるので、そのリーダーとして稽古生の指導にあたってくれないか」と頼まれる。その武術指導は毎週、木曜日に姫路のスポーツセンターで行われた。氣を取り入れながら武技を練る。自分の好きなことを武術に通せるようになった彼にとっては、楽しく充実した毎日の自稽古であり、週一回の指導だった。

三

そんな阿曽が畑村と出会ったのは、ある武術のオフ会だった。畑村が空手を指導しながら、合気探求をしていた頃の話だ。気功に興味を持っていた二人である。「十数年前のことですが、武術と気功の話で盛り上がったことを覚えています」と彼は当時を振り返る。

二度目の出会いは加古川で行われた合気系柔術のセミナーだった。このとき、二人で直接話す機会はなかったものの、どうしても気になった阿曽は知人に名刺を渡して、畑村に会いたいという旨を伝えてもらった。即断即決即行の畑村である。その連絡はすぐに来た。「私のところは、見学はお断りしてるんやけど、ぜひ、遊びにきてください」――この誘いが、阿曽が氣空術と出会うきっかけになった。期待感を抱きながら、本部道場を訪ねた彼はここで衝撃的な体験をする。

「そこで体験したのは驚愕の体験の数々でした。自分がかける技は会長には一向に通用しない。逆に『あなたがやりたいことは、こういうことなの？』と簡単に崩され、投げられました。なんというか、今までとは次元の違う技の数々で抵抗のしようもなく…。自分が今までやってきたことは何だったのかと、カルチャーショックを受けました。」

その夜以来、あまりのできごとに阿曽は三日三晩、眠れなかったそうだ。しかし、「自分が求めていたものはここにある！」と思った彼は考えた末に所属していた流派を去り、氣空術への入門を決意する。今から三年前の話だ。

「結局、自分が身につけてきた技のすべてに力が入っていたんですね。間違った身体の使い方をしていたことを痛感させられました。それに比べて、会長の動きはあくまでも自然体。一切、力を使わないんです。筋力行使の技が多い武術の中で私の理解を超えるものでした。」

あれから三年。ときおり、畑村が本部の稽古の動画を送ってくれる。そこには阿曽がまったく無駄のない動きで相手を制圧する姿がある。どうしても、力が入ってしまいがちな自分にしてみれば、まさに「身体で表現する芸術」のような美しい動きである。「氣空術をもう、完璧に会得されていますね」というこちらの問いかけに、彼は謙虚にこう答えた。

四

「それでもまだ、『こうしよう、ああしよう』という我が出るんです。そうすると、技はかからない。しかし、最近はできなくても自己修正ができるようになりました。これがダメなら、これ！　という応用技ができるようになって…。会長のレベルにはまだまだ及びませんが、修練を積むことであの高度な技の数々を会得できるようになりたいと思っています。」

それでも格段の進歩だと思う。初めは合気上げもできない、「重みは下」などの基本もできなかったという阿曽である。それがわずか三年足らずで、あそこまで高度な技を披露できるようになっているのだ。その実力を畑村から評価され、今は氣空術・兵庫県東播支部の支部長を任されている。

「指導をするようになって思うことですが、自分の稽古だけやっていると伸びないんです。支部稽古では、常に周り全体を見渡すように心がけていますが、一人ひとりの技や動きを見て、『こうやれば、もっと巧くできるんじゃないか』と思いながらアドバイスをしていると、自分にも気づきが生まれます。伝えるのは自分だけど、主体は『伝えられるその人』。だから、ポイントを押さえながら、助言する。それによって、その人ができるようになる。そんなときは嬉しいですね。『できたーっ！』って、喜んでもらえるのが。」

氣空術は心と身体の技と動き。それを実感する阿曽は以前、畑村に「不動心が大切なんでしょうか」と聞いたことがあるそうだ。すると、返ってきた答が「それとはちゃうなあ。平常心、それやと思う」。人間、誰しも好きな人、嫌いな人というものがある。得意なこともあれば、苦手なこともある。しかし、武術は相手あっての話だ。だからこそ、平素からどんな相手を前にしても千変万化に対応できる心と技を整え、練ることが大切だというのが畑村の考えなのだ。

人間性にも優れ、技の修練に真面目な阿曽に畑村は全幅の信頼を寄せている。「氣空術を伝えることで、周りの人が『自分にもこんなことができる』という自信と可能性を見いだせるようになればというのが私の考え。それをしていくことで、自分自身も武術の深淵を探っていきたい。」…自分が阿曽に初めて会ったときに感じた重厚な印象は身体だけでなく、その心からも伝わる雰囲気だったのかもしれない。

達人の遺伝子を引き継ぐ男

――合気の感度や技は「会長に匹敵するぐらい凄い！」と、本部道場の方からも絶賛されるのが畑村吉彦。氣空術主宰・畑村の長男だ。空手の師範である父親を持つ彼は、三歳のときから空手道・拳友会に入門する。「自分で行くとは言ってないのに、勝手に連れて行かれた」のだそうだ。無理矢理、入門させられたから続かない。小学生の間は行ったり、休んだりの繰り返しだった。その理由を聞いたら、「親父が怖くて嫌だったんです」という答えが返ってきた。

幼少期、道場で「お父さん」と呼んだら、「先生と言わんか！」と厳しく怒られたらしい。子ども心に吉彦は思ったそうだ。「えっ、道場でもお父さんはお父さんやないか」と。しかし、そうはいかないのが武道の世界。なおかつ、拳友会は実際に打つ、蹴るの激しい直接打撃の組手をやっていた。基本稽古でも周りは迫力満点の気合で突き、蹴り、受ける。少しでも声が小さいと「もっと、気合入れんか！」と怒鳴られる。いくらなんでも、三歳である。物事の道理が分かろう

はずもない。ましてや、武道の礼節をはじめ、突きはこう打て、蹴りはこうしろと厳しく注意されたら、嫌になるのも当然である。幼少時の辛い思い出は今も彼の心に焼き付いているそうだ。

「今でこそ、家庭での父親と道場での師範の区別の意味が分かるけど、子どもの頃はその区別がつかなくて…。道場の親父の影響が強すぎて、家でも怖かったんです。」

家でも厳しかったのか？　との問いに、「家では普通のお父さんでしたよ。休みの日はキャンプや遊園地に連れて行ってくれたし、学校の授業参観にも来てくれる。運動会は必ず来てくれて父母の競技にも参加してくれました」という答が返ってきた。家では、ごく普通の優しいお父さん。がしかし、道場での空手家・畑村は違う。その怖さが心に沁みついてしまっていた吉彦は、それをどうしても拭いきれなかった。

二

畑村家は長男の吉彦の下に次男、妹の三人兄弟。下の弟や妹も拳友会に通わされていた。同じような厳しい体験をしているはずだ。下二人も吉彦と同じように怖い思いを抱いていたのかと聞いたら、妹や弟は普通に父親に反発していたらしい。

「たとえば、パンを買ってきてくれるでしょ。『これ、美味いで〜』って。それを食べた弟や妹は『お父さん、そうでもあらへん。甘すぎや』と、本音で答える。でも、ぼくはそれが言えなかったから、『うん、ほんまに美味しいわ』と答えていた。そう言えば、お父さんは喜んでくれるやろと思って…。」

そんな彼は父親が怖いながらも、次第に空手が好きになっていく。稽古の甲斐も実って、十八歳のときに拳友会の初段。前回も書いたように当時の組手はフルコンタクト。自分よりでかい門下生とやって、ガタガタにされたことが何度もあったそうだ。しかし、この頃、吉彦は「すでに空手そのものが好きになっていた」という。その理由は…

「父（畑村）と空手は自分にとって常に一体のものだったんです。朝、ドーン、ドーン！という音で目覚めたら、庭で父が突きの鍛錬をしている。部屋で突きや蹴りの稽古をしたり、風呂前に念入りにストレッチをしていたり…。いつも目の前にそんな父の姿があったんですね。それが自分にはごく自然な光景になっていた。休みの日でもサンドバッグをかついで、公園に行くんですよ。それをブランコに吊るして、打つ、蹴る練習を父と一緒にさせられる。空手がもはや、日常になっていたんです。」

そんな彼もやんちゃな時期があった。路上マッチもずいぶんやったそうだ。しかし、家では相変わらず、父親が怖い。だから、わざわざ家から離れた場所へ自転車に乗って、喧嘩をやりに行ったりもしていた。「悪やるんやったら、とことんいけるで」とも思っていた。

三

しかし、吉彦の心をセーブしたのがやはり、父親の存在だった。喧嘩で「これ以上やったら、道場が無くなるかもしれへん。」そう思うと、それ以上のことができなかった。彼にとって、それだけ父親の存在が大きかったのだろう。ところが…ある時期から空手道場で「立禅」が行われるようになった。手の平を胸の前で輪を作って、ただ立っているだけの鍛錬法である。しかし、若くてエネルギーがありあまっている吉彦はこれが嫌でたまらなかった。それ以外にもお互いの腕をぶつけ合う稽古をやらされて、痣だらけになったりすることもあった。「こんなことやったって、強くなんかなれへん」と思ったそうだ。ちょうど、畑村が「パワーとスピードだけではない術」を考え、中国武術との交流を始めた頃の話であろう。だが、吉彦はそんなことを理解できる年齢じゃないし、稽古も面白くない。さらにまた、何処に行っても「空手家・畑村会長の息子」と言われることが嫌でたまらなかった。「会長の息子だから、空手ができるんやろ」、「会長が親だから教わることも多いんやろ」と言われ続けたのである。稽古も変わってきて面白くない。会長の息子という呪縛からも解き放たれたい。もう、誰もいないところへ行きたい、自分で扉を開いて飛び出して行きたい。そう思った彼は一大決心をして拳友会を退会し、ボクシングジムに入会する。ボクシングは三年間、続けたそうだ。シャドーをやり、ミットを打ち、サンドバッグを叩き、スパーリングで打ち合う毎日が続いた。そしてちょうどこの頃

（今から十数年前）、日本の古武術が脚光を浴びるようになった。

「人よりも強い打撃力を身につけたい」と思っていた吉彦は書店に並ぶ武術の関連書籍を購入しては読書に夢中になった。西洋式の身体操作とは異なる、古くから日本に伝わる武術の打撃があるのではないか。本を読むにつれ、その興味はますます、強くなっていった。

四

日本の古武術、あるいは中国武術などの本を読むにつれ、吉彦は筋力だけではない、身体の使い方に関心を深めていった。中でも興味を抱いたのが「発勁」だったらしい（発勁とは、中国武術における力の発し方の技術のこと）。独学で稽古しながら、人にタウンページなどを持ってもらい、打ったりしていたそうだ。しかし、一人で身につけられるような簡単なものではない。「やはり、ちゃんとしたところで学ばんと、できはしないか」と考えていたのと同じ頃、父・畑村は「筋力だけの技には限界がある」と合気系柔術や中国武術を学びながら、なんとかして「筋力のみならぬ技を空手の中に取り入れよう」と試行錯誤していた。

ところが一家に悲しい出来事が起こる。吉彦の母が乳がんになったのだ（詳細は第四章の畑村洋数伝にあるので略す）。家族の懸命な支援も及ばす他界したのだが、葬儀が終わったその夜、悲しみに暮れる彼に畑村が声をかけた。「いま、面白いことやっとんねん」と。「？」と思う彼に「俺の手首を持て」と言われ、つかんだら立った状態での合気上げと合気下げをされた。そして、その瞬時に崩された。その技に驚きはしたものの、吉彦は呆れかえったそうだ。

「お母さん亡くなったばかりなのに、このおっさん、何を考えとんねん！」

吉彦は当時のことをこう語っている。

「自分が独習に限界を感じていた頃、父は岡山の保江先生のもとで学んでいました。そして、新たな武術を編み出そうとしていたのです。そんな父に『もう一度、教えてほしい』と思ったものの、なかなか口に出せませんでした。入門したら、また以前と同じことの繰り返しになるのではないかという葛藤もあって…。一年ぐらい、悩んでいた時期がありました。」

五

それが吉彦、二七歳のとき。しかし、「結果がどうなろうとも、武道をやってみよう」と決意。畑村に「もう一度、指導してください」とメールをした。畑村からは「ええよ！」との即答が返ってきた。その日から毎週金曜日の夜、吉彦の自宅のリビングで、マンツーマンでの合気の稽古が始まった。

向かい合った畑村は彼にこう伝えたという。

「おまえ、あのときの合気しか知らんやろ、それとは全然、違うぞ。」

そして正座した状態で吉彦が畑村の両手をがっちり、押さえ込んだ途端、凄い勢いで上げられた。それも繰り返し、何度も上げられる。「これがほんまの合気なんや！」立ち上げられながら、驚愕したらしい。そして、畑村が学んでいる冠光寺眞法の話を聞かされ、聞いているだけで心に落ちてくるものがあった。しかし、それ以上に驚くべき事態を彼は体験した。

「立ち技の稽古をしているうちに突然、身体がドーンと重たくなったんです。足を踏み出そうにも重くて動きづらいぐらい。それを見た父が『吉彦、それや！』と」。アイキモード…。その状態になった彼が信じられない思いを抱きながら、畑村に触れただけで吹っ飛ぶことができる。試しに正拳突きをくらっても全然、痛くもかゆくもない。「おまえ、それが合気のモードや。その身体をよく覚えておけよ。」

「本当に驚きました。父につかまれた手を軽く振っただけで、あの強いはずの父が吹っ飛んでしまうのだから。身体の感覚が自分ではない何かになったかのように…。『今だったら、俺、なんでもできるわ』…そう思ったことを覚えています。」

ところが、その現象はそのときだけに終わってしまった。以降はやろうとしてもできない。しかし、最高レベルのアイキモードを体験した吉彦に「疑い」の心は一切、無くなった。

「アイキモード、あんな状態になれるとは！　そのときの状態を目標に稽古していこう！　と思いました。」

六

以降、月曜日の「やすらぎの道場」の稽古に参加。夜の八時からは氣空術を学ぶ。同時に月一回、岡山の保江創師の冠光寺流にも入門し、そこでも稽古を始めた。当時の稽古風景の動画は youtube にもアップされている。そこには、すでに氣空術を編み出していた畑村が吉彦を相手に軽く柔らかく投げ、崩している。

合気を二方向や二触法などの技として体系化したのが氣空術。それを編み出した畑村の技はその後、飛躍的に進化していく。しかし、氣空術誕生当初は誰もができるものではなかった。できるのは畑村一人だけ。その門下であると同時に、長男でもある吉彦は何度も厳しく指導されたそうだ。「何回もいうてるやろ、ここはこうして、こうやるんや！こんな簡単なことがどうして、できへんねん！」怒鳴られることもしばしばあった。きつく言われると、緊張するから余計に動きが固くなってできなくなる。吉彦はその度に思ったそうだ。

「いつも『氣空術は愛だ、思い遣りだ』というてんやから、もっと優しく指導してくれよ」と。

このあたりは氣空術・畑村ではなく、父・畑村なのであろう。早く会得してもらいたい、身につけてほしい…息子に対する想いがどうしてもきつい言葉になってしまう。さらにこんなこともあったそうだ。

「正月、実家に帰ったんです。そうしたら、挨拶する間も無く『稽古するから、二階に上がれ』って。後をついて行きながら、『この人の頭、氣空術しかないんやろか』と思いました。」

いずれにしても、技の会得には本当に苦労したそうだ。「地面と平行に…」と言われ、言葉は理解できても、身体で再現することができない。一時は悩みに悩んで、稽古の帰り、バイクを飛ばしながら、「できへんもんは、できへんのや～！」と叫んだこともあった。

七

しかしながら、例のアイキモードはふと、身体に落ちてくることがある。そうなると、何でもできる。「それなりに頑張る自分へのプレゼントかな」と思ったそうだ。ところが、それを再現しようと試みると、やはりできない。記憶しようとしても駄目。「こうなったら、理解しようとかという次元じゃない。父の雰囲気を見よう、姿を見よう。」――吉彦は「頭で考える」のではなく、「感じる」ことに意識を切り替えることにした。やがて少しずつ、基本的な動きができるようになっていく…。そこでこう思ったそうだ。

「腕の動きがどうとか、身体の使い方がどうこうじゃない。一つひとつが分離しているのではなく、その全てが統合されているのが氣空術。それにはやはり、『心』が大切なんだ。だからまず、自分を変えなければいけない。」吉彦が合気開眼する瞬間だった。以来、「できない」が「できる」に変化していく。アイキモードだけでなく、技術として合気を使えるようになりたい。彼の思いは、身体の使い方のみならず、心を変えることから実現していった。

「一方向や一触法など、皮膚接触の感覚はやはり、他の方より父と接する機会が多いので、『こういうことなんだ！』と感じることができたと思います。大切なのは心の内面、それと体内感覚。そこに気づいてからですね、身体の使い方も変わってきたのは。」

合気会得に順風満帆だった彼だが、ある時期、またしても停滞に陥る。仕事が猛烈に忙しくなり、道場に通うどころか自稽古すらできなくなったのだ。仕事が終わって帰宅するのは毎回、深夜。帰って、寝るだけの毎日が続く。ようやく、復帰できたのはそれから半年あまり。「よ〜し、またこれから！」と思って稽古に臨んだところ、なんと技が使えない。唖然とするような思いになったという。

八

「何をやってもできなくて、自分でも力が入ってしまうのが分かる。今まで教えていた人に逆に教えてもらう有様でした。仕事で神経、すり減らしていたから、心も身体もバラバラになっちゃったんでしょうね。」

ちょうどこの頃、自分は本部道場の稽古に参加している。確かに、吉彦は調子が悪かった。二人で組んで合気上げをやっても、どちらも上がらない。それを見ていた畑村が業を煮やして「二人とも固い、固い！　もっと柔らかく！」。言われてもできない。「吉彦、何をやっとんねん！　小磯さんも力を抜いて！」…とばっちりくらうから、「吉彦さん、早く上げてくれ」と思ったことを今でも覚えている。しかし、一度、会得できたことは時間の経過とともに必ず舞い戻るものだ。その後、彼は見事に復活する。

「あのできない経験が逆に良かったと思います。身体は確かに疲労していたけど、心は負けていなかった。この状況から絶対にまた、登りつめていこうと思っていましたから。」

合気が復活した彼は今まで以上の進化を遂げる。そんな折、またしても本部道場の稽古に参加した自分は彼の完璧な技を体験させられた。それはあたかも畑村と向かい合っているかのような感覚だった。

取材中、「氣空術、それなりに上達してきていると思います…」と語る彼に、「会長のレベルが十としたら、吉彦さんのレベルはどれぐらい？」と訊ねたところ、「う～ん、父が『十』だったら、ぼくなんか、『三』行くか行かないかのレベルですよ。尊敬する父としていうのではなく、氣空術・畑村会長のレベルには到底、及びません。」続けて、こんな話も出た。

「今になって、五年前に父から言われたのが『こういうことか！』と実感できるんです。身体の使い方をあれこれ考えているうちはできない。要は心なんですね。考えると、集中しちゃうじゃないですか。頭じゃなくて心！　その重要性が分かりました。」

九

自分が本部道場の稽古に参加したときの動画があるのだが、座技で自分の打撃を受ける吉彦の表情に注目させられた。何とかして打ち込もうとする自分に対して、彼はあらぬ方向を見ている。そこには、受けるという意識が一切ない。氣空術、身体の使い方云々より、心というか意識が必要なんだということを改めて認識させられたものだ。二方向も二触法も「こうして、こうする」という技術は確かにある。しかし、その技術的な動き（身体の）にだけとらわれると、合気は発生しない。吉彦は「自分はまだまだ…」と言いながら、そのレベルに到達しているのだ。達人のＤＮＡを引き継ぐ好漢、若干、三十三歳。その進歩はさらに加速していくことだろう。

最後に「氣空術・全国の門下へのメッセージをください」と言ったら、しばらく考えた後で、こんな言葉をもらった。

「氣空術…さまざまな目的で学ばれている方がみえると思います。でも、たどり着くところはただ一つ。言葉でいうのは難しいけれど、それは心も身体も調和して、統一された自然なままの状態だと思います。それを常に定着することを目指す。父も常々、いうんですけどね。どの武道・武術もアプローチは違えどもゴールは同じだと。だから、ぼくらは氣空術という武術を通して合気を会得していく。技ができたときの感動を覚えたら、次の人に自分ができたときの感動を伝える。それを伝えられた人は、また別の人に伝えていく。

そんな喜びや感動が波及していったら、嬉しいですね。他の人をも楽しくさせ、ワクワクさせ、感動してもらう。氣空術は人の心に伝わる武術だと確信しています。技として会得していくのは難しいけれど、一度でもできたことは必ず、できます。それを信じて、ともに修練していきましょう。」

第六章　女性が思う氣空術

目指すは、愛魂の表現者

一

岸川凌子。藤原伸一とともに、畑村の弟子である。彼女が畑村と出会った経緯は『謎の空手・氣空術』にも書いてあるが、少しだけそれを記載する。

岸川は幼稚園に入ると同時に、父の勧めで伝統派の空手道場に入門。

高校時代に全国大会・団体型の部門で五位という高成績にも輝いた。やがて、結婚、出産。妻として、母として多忙なときである。そんな事情から一時的に空手から離れたものの、やはり、好きな空手への関心は薄れない。ある日、友だちとともに空手道場の見学に行ったことが畑村と出会うきっかけになった。

「私がやってきた空手とは違い、拳友会は実際に突き、蹴りを当てるフルコンタクト空手。行く前は怖いイメージがありました。ところが、実際にお会いした会長はとても気さくで朗らか。ただ、肝心の空手をやりたいという長男が『友だちがいくから、ぼくも』という安易な考え方だったので、入門はしなかったんです。」

二

その半年後、平成十六年に岸川は畑村が主宰する「やすらぎの道場」に入門する。そこで行われていたのは、動きながら骨盤や肩甲骨など、身体の個所を調整していく操体法だった。そして、稽古最後に「練功・収功」をやる。時間的に二時間ぐらいやっていたそうだ。『謎の空手～』に投稿した岸川の文にもあるが、この操体法、練功・収功により、バランスを崩していた彼女の身体は大幅に改善された。同時に身体のみならず、畑村からの「心の教え」も学びながら、精神面でも変化を感じるようになっていった。

「心身ともに健康になっていくという感じでした。会長からいただいた心の教え…たくさんありますが、例えば、『悟りとは、理想の自分と現在の自分の差をとること』、『子どもに対して期待してはいけない。期待ではなく、信じてあげなさい』、『進む化と書いて、進化。新しく化けることで、新化。その先にいくと、神化になる』などなど…。稽古の合間や稽古後に会長から教えていただいたことが一つひとつ、胸に落ちたんですね。『これはいい！　生活の中にも会長の教えを通していこう』と思いました。」

素直に聞いて実践すると、自分の考えや行動にも変化がある。岸川は次第にそれを実感するようになった。

「特に参考になったのが子育て。それまでは我が子を叱るときも感情が先になりがちだったのが、一呼吸、置けるようになりました。他の方との対人関係でもそう。もともと、人と衝突することは少なかった私ですが、さらに自分の心が安定して、落ち着いてくるような感じになりました。」

やすらぎの道場で学んだことが心身両面にわたって、岸川にはさまざまな変化や気づきになったのである。

三

畑村の指導に魅了された彼女はその後、四人目の子を出産。やすらぎの道場をしばらく休もうと思っていたものの、長男をはじめとする子どもたちも拳友会で学んでいる。「ならば、子どもたち全員を連れて空手に通おう」と決意して、入門したのが平成十八年のことだった。このあたりの岸川の発想と行動力には感心させられる。普通なら、育児も家事にも追われて大変であろうに、「好きなことを可能な限り、やること」を考え、行動に移したのだ。幸いなことに母も協力してくれたうえに、畑村も「赤ちゃんが泣いたり、三男がぐずったら、抱っこしてあげて。それは凌ちゃんに、休憩しなさいという合図だから」と快く子ども同伴の稽古を許可してくれた。

当時を振り返って、彼女はこんなことを語ってくれた。

「他の方から言わせれば、『がんばるね！』と言われるけど、あの頃は主人も仕事が忙しくて帰宅時間が遅かったら、道場に通うこともできたんです。そして、空手の稽古が楽しくてならなかった。『今まで私がやってきた空手とは全然、違うって！』―女性ということもあり、実際の打ち合い・蹴り合いはなかったけど、ライトコンタクトのコンビネーションなどはやっていました。」

道場では紅一点の存在、そのあたりは気にならなかったかとの問いに、彼女はこう答えた。

「女性は私より先に入門されていた方がみえたのですが、滅多に来られなかったんです。だから女性は私一人だけで男性にまじっての稽古。でも、そんなことも気になりませんでした。みなさん、優しかったですしね。」

だがしかし、ここで彼女はそれまで自分がやってきた空手と拳友会の空手に外見は似ていても、中身が違うことを痛感させられる。それは技だけでなく、心の在り様も違うのだ。入門当初は新鮮な感動を覚えつつも、戸惑うことも多かったそうだ。

「突き一つとっても、違うんです。今までの空手では『当てる個所を突く』。でも、拳友会では『当てる個所の向こう側を突く』。相手の表面に当てるのではなく、その向こう側、例えば『背中や後ろの壁を打つぐらいの気持ちで突け』と言われたり…。また、当時から『力を入れずに、力を出す』ことを言われていたので、型にしても基本の突き、蹴りにしてもその違いをつかんでいくのに時間がかかりました。」

今までとは違う新しい動き。習得に苦労する岸川に畑村はこう言い続けたそうだ。

「武道は心と身体なんや。ともすれば、身体の部分だけに意識がいきがちでしょ。技はもちろん、大切だよ。それはそれで繰り返し稽古して、身体に覚えさせていく。それができるようになったら、フォームだけにとらわれないこと。突く、蹴る、受けるの外見的なことだけでなく、心から動く。それで型をやり、突く、蹴る、受けるをやると、柔らかく滑らかに動けるようになるねん。」

戸惑いつつも、畑村の教えを忠実に習得しようと努めた彼女は少しずつ、師の言わんとすることが分かるようになった。相手の突きをガツンと受けるのではなく、柔らかく受け入れるようにする。点ではなく、面で受ける。それをすることで、自分の心の様相にも少しずつ変化が生まれることに気づいた。これは先にも書いているが、「ぶつかってくる相手と衝突しない」ということである。話をするときも点で主張するのではなく、面で広く語るようにする。稽古を続けるにつれ、彼女は次第に武道の奥深さに魅了されていく。

四

その後、拳友会の空手には、氣空術という新しい息吹が生まれる。ただ、それはいきなり始まったのではない。畑村が試行錯誤する中で、徐々に技なり、動きなりとして編み出されていったのだ。岸川は拳友会で新しい空手を学んだ。それを体得する間もなく、氣空術である。畑村の長男、吉彦が語ったように当初は門下の誰もが技も動きもできなかった。できるのは畑村ただ一人である。特に岸川の場合、もともとは心身を整えたくて「やすらぎの道場」に学び、空手をやりたくて「拳友会」に入門した身である。合気への布石はあったにせよ、そうそう臨機応変にできるものではない。畑村が次々に編み出す技や動きに対し、戸惑い続きだったそうだ。

特に彼女の場合、妻であり、母である。空手もある、やすらぎの道場もあるで、家を空けなければならないことが多々ある。子どもも空手の道場に通っていたとはいえ、葛藤することもあった。

「空手もやすらぎの道場も自分が好きでやっていること。だから、少しも苦にはなりませんでした。むしろ、それが楽しい。ただ、子どもたちのことを考えると、『母親としてこれでいいんだろうか』と思うことが何度もありました。子どもたちが学校から帰ってきても洗濯して、食事の用意をしてあげるだけ。慌ただしく用意して、道場に行くという感じだったんです。本当は勉強もみてあげたいし、急かすばかりでなく、もっと、『ゆったりと子どもに接してあげたい』と思ったりもしました。」

やすらぎの道場と空手を学ぶ門下であり、さらにこの当時、氣空術も始まる。その稽古に行きたくてもなかなか参加できない。そのうえに主婦でもある。それぞれの両立がうまくできず、悩むことも多かったそうだ。しかし、岸川は以前、やすらぎの道場で畑村から聞かされたこんな話を思い出した。「湊ちゃん、家を出るときに子どもやご主人にいうんだよ。『あなたのおかげで、稽古できます。有難う！』って。その思いは必ず伝わる。心を込めて、伝えてごらん。」―彼女は毎日、それを実行した。すると、当時、小学校六年の長男がサポート役を買って出てくれるようになった。末っ子の妹の面倒を積極的に見てくれる、家事も手伝ってくれる。

彼女にとって、こんなに嬉しいことはなかっただろう。「長男は今でも最高の理解者ですね。子どもたちも主人もみんなが『がんばってね！』と送り出してくれる。そういう声に後押しされると、さらに『がんばろう！』という気持ちになるじゃないですか。家族には感謝の気持ちでいっぱいになっています。」

そのうえで道場に行けば、師である畑村から「最高のパワーと素敵な優しさをいただける。人にも環境にも恵まれているんだなと、つくづく思います」と岸川。感謝のスパイラルが彼女の周りにできているのだ。

五

自分は岸川との稽古で何度も二方向なり、二触法で倒され、崩されている。だから、「岸川さんは氣空術ができている人」というイメージが定着しているのだが、彼女はそれをやんわりと否定する。「私なんか、まだまだです。できなくて、へこむことのほうがはるかに多いぐらい。指導員という立場になっているけど、そんな自分が門下の方に教えるなんて『申し訳ないな』と思うこともしばしばありますよ。」

とかく力を入れがちで、技の会得が遅い自分にしてみれば、彼女の言葉は謙虚すぎる感もなくはない。だが、それが本音なのだろう。ただ、自分はこうも思うのだ。氣空術は頭で理解して体得していくというより、心と身体で感じてとらえていく武術。そういう部分でいうと、男性よりも感覚的な女性の方が技の会得が早いのではないかと…。それを彼女に話したら、こんな答が返ってきた。

「確かにそれはあるかもしれないけれど、私、女性的じゃないから（笑）。でも、感覚は大切ですね。皮膚接触にしてもそうじゃないですか。優しく触れないと技はできませんよね。カチカチの掌だと、滑って圧も結びもかからない。だから、優しく、柔らかく触れる。『技をかける相手の方を大切に、最後までていねいに』ということ、それが会長の言われる『愛』の一つだと思うんです。それと稽古するとき、相手の方に伝える感覚を大切にしています。自分はできなくても、『こうされたら、私は崩れる』とお伝えすると、かかるんですね。」


氣空術、その技は「優しくすると、人は動く」と岸川は語る。そして、それを稽古中に「自分も相手も体感する」のが楽しくなるとも。

「調子よくできると、嬉しくなりますよね。ちょっとした感動気分も味わえます。人と人のコミュニケーションが最高にうまくいっているような感じ。『この感覚をいつまでも残しておきたいなぁ』って、思ったりします。でも、日常生活に戻ると、そこでまた、さまざまな出来事がありますよね。決して、いいことばかりではないことが…。それで心が乱れてしまって、次の稽古で、前回できたはずの技ができなくなる。それぐらい、心と身体って密接につながっているんだと改めて感じます。だから、そういうときはもう一度、自分をリセットするんです。頭で『ああしよう、こうしよう』と考えるとできないから、心と身体を整えていく。すると、何かのきっかけで再びできるようになる。そのできたときの感覚を深めることで、ワクワクするような気持ちを常に保っていきたいと…。人と人との関わりや日々の生活の中にもそんな心を活かせるようになれたらと思います。」

六

女性ならではの言葉だなと思ったのが、彼女からこんな話を聞いたときだ。

「道場に入るときは、自分をリセットする瞬間なんです。優しさをとりもどす場と言ったらいいかな。だから『ただいま！』って心の中で言って入るんです。私にとって、第二の家みたいな感じ。それから、こうも思うんですよ。女性の場合、『武道・武術だけが特別な場』じゃないですよね。稽古をしながら、恋人と付き合っている人、子どもやご主人がいる家庭のある人がみえる。そんな身近な存在に対しては、どうしても自分のわがままが出ちゃう。そこで、氣空術の稽古で得た『相手に対する優しさ、大切さ』の感覚を忘れないようにして相手と向かい合う。すると、人に対する優しさも感じ直すことができるんじゃないかな〜って。毎回はうまくいきませんけどね。」（笑）

「真剣に武道・武術としての氣空術を求める方には申し訳ないけれど」と、彼女は語る。しかし、武術は闘うためだけがその目的ではなく、日常術としての要素もあったというのが自分の考え。そして、男性には男性の、女性には女性の活用術があってもいいと思うのだ。彼女のように氣空術を日常シーンに応用することも一手法とも思うのだ。女性ならではの柔らかく、豊かな感性をもって氣空術を、そして「愛魂」会得を目指していく。岸川なら「きっと、それができる」と。門下の仲間として、彼女のこれからを心から応援している。

合気、その感覚を共感していきたい

――

東京支部に川西沙実という女性がいる。既婚者だが、子どものような可愛らしさをもった女性で、初めて会ったとき、「なんでまた、こんな子が氣空術をやる気になった？」と思ったものだ。氣空術のみならず、合気柔術もやっているという。武術・武道とは無縁に

感じる彼女がなぜ、そんな世界に飛び込もうという気になったのか。

「子どもの頃にバレエをやり、学生時代はテニスとチアリーディングをしていたんです。身体を使うことが好きだったんですね。もう一つの理由は持病のてんかんの一種の発作を持っていたから。それが武術にはまる、大きなきっかけになりました。」


彼女の症状は「発作性運動誘発舞踏アテトーゼ」という。「ここで動かなければならない！」という瞬間に発作が出るのだ。例えば、短距離走のピストルがなった瞬間、エレベーターが開いたとき、名前を呼ばれて立たなければならないときなどに発作が起きるのだ。

「発作といっても意識を失うことはなく、その瞬間に身体の一部の力が抜けてしまうんです。このとき頭の中は金縛りのような感じになって全身は虚脱感で満たされてしまいます。自分なりに『この発作と上手に付き合うようにしよう』と思って、いろいろなことを試しました。発作の時間を短くして、身体をコントロールできるようにしたり、発作を逃がすようにしたけど、それでも変な風に手足や顔がねじれて動けなくなるんですね。いつも所構わず、そんな火種みたいなものを身体の中に抱えるのが常だったので、普通のスポーツでこれを解消するのは無理かなって…。それが武道に惹かれた理由だと思います。」

ただ、その症状は比較的、軽いものであるらしい。十秒もあれば発作は治まり、三十歳くらいで自然治癒するケースが多いそうだ。幸いにも、今はほとんどその症状もなく、「最近は発作のことを忘れていたほど」と朗らかにいう。

二

発作を自分なりに克服しようと、川西は合気柔術の道場に入門する。しかし、直接のきっかけにはこんなことがあったそうだ。

「転職活動で、新しいことをやろうと考えているときに経験したことです。書き物をしているときにふと、顔を上げたら、突然、『変性意識状態』というのに入ってしまったんです。それ以来、物事を頭でコントロールすることは諦めて、しばらく感覚に任せてみようと決めました。同時に、なんか、『自分が無防備な感じ』がして、『気』のようなもので身体を守った方がいいと思ったんです。」

彼女のいう「変性意識状態」とは、意識を失っているわけではないが、日常で目覚めている状態とは異なる意識の状態であるらしい。深い瞑想に入ったときのような感じになるのだろうか。いずれにしても、そのような自分を守れるようにしようと、彼女は合気柔術を始める。このあたり、武道や武術を始める通常のケースとは違うのだが、それなりに憧れめいたものはあったらしい。

「合気柔術は、子どもの頃から『相手の力を利用する武術だから、身体が小さくても大きい人に対抗できる』って聞いていたのが大きかったと思います。それと、チアの競技の中でモーションという型稽古のようなものがあるのですが、その動きと類似するような合気柔術のシャープな型稽古に興味を惹かれたんです。似ているとはいっても、チアと武術の動きは違います。最初は難しくて、全くできませんでした。でも、稽古をすることがとっても楽しくて、求めていたものと出会えたような気がしました。」

三

川西が氣空術に入るきっかけは、同じ合気柔術の道場に通う高萩との出会いだった。ある日、高萩から「合気上げは、力ではなく相手が上がる」という話を聞かされ、自分が書いているブログを紹介されたという。ちょうどその頃、彼女は稽古中に不思議な体験をした。

「粘度のある、モワモワしたもので相手とつながってる感覚があったんです。『なんだ、これ！』と大興奮して、気になっていたところでした。小磯さんのブログを拝見したら、『くっつく掌、その粘着感が皮膚接触という合気の技につながっていく』という文面が目に飛び込んできたんです。『私が感じたのは、ひょっとしてこれかも！』と思い、氣空術の稽古に体験入門させていただくことにしました。」

氣空術初体験、「そのときの印象はどうだった？」という質問に彼女はこう答えた。

「稽古では身体をほぐす動きが身体に無理がなく合っている感じがしました。たとえば、脚の裏側を伸ばす動作で、『ここが日本人ならの体型で伸ばしたいところです』って、会長がおっしゃったときに今までこれでいいのかな～』となんとなく思っていたことがピタッ！　とマッチした感じがしたり、武士のあぐらの話など、今まで聞いたこともしたこともない動きばかりでとても新鮮でした。私は身体がかなり固いのもあって、バレエ、チアや少しやっていたヨガなどもかなり無理をしていましたが、氣空術の稽古では、その無理が少しもない。『これが自然な身体の使い方なんだ』って、感動めいた思いがありました。」

やがて、稽古は「合気起こし」へと移行する。ところがここで、川西は「私、これをやる権利ないと思ってしまった」という。罪悪感や恥などの抵抗感に襲われたというのだ。そのときの心の様相はこうだったらしい。

「会長が『これが出すということなんです。握ったらだめだよ！』って見せて下さいながら直接指導していただいたとき、心の中で『きっとこれができたらすごい！　できたい！』と強く思いました。そう思いながらも、『今のままだと、最初に感じたような抵抗感が大きくて、辛い』という気持ちがわいてきてしまって…。もしやるなら、身体と心の紐づきの整理をしなければとも思いました。この体験が私にとって大きかったんですね。心と身体の調和を図ること、それが氣空術という武術。稽古をしていくにつれ、今まで暗中模索だった自分の中に希望の光が見えてきたような気がしました。」

四

続けて川西はこう語る。

「氣空術に入門して、十か月経った今（平成二十七年十一月時点）、その感じを全力で言葉にしてみると、稽古をしているときは、『自分の生身の立場をさらけ出してしまう感じ』がするようなことがあります。感覚と感情と発作は私の中でつながっているので、それを全部丸ごと閉じ込めていたような気がするんです。だから、そこを手放しに解放することは恐怖につながっているかもしれません。」

さらに彼女は性格的に「人に合わせようとする」ところがあるのだそうだ。だから、「生の自分の感覚の中にいる」ことが単純に不慣れだと気付いたともいう。このあたり、新しく目指したいものが目の前に現れたら、猪突猛進する男性の感覚とは違いがあるのだろう。女性は今までとは違う世界に飛び込んでいく際、自分が守り続けてきた心や気持ちをこじ開けるかのようにすることに警戒と不安を抱くのかもしれない。だから、「そうしたい！」と思いはしても、一気にモードをチェンジするのにためらいがあるのではないか。そう訊ねたら、こんな返事が返ってきた。

「確かにそれはあるかもしれませんね。でも、氣空術の技をかけあってるときは、これが『自分にとって理想の状態』と感じることができるんです。だからこそ、その心と身体をいつもできるようになりたいと。身体の力が抜けていくと自分もすごく楽だし、技がかかって崩される相手も痛くない、そしてなんか笑っちゃう。皮膚接触が上手にかかり、これで合気がかかっていると認識するのは、今まで自分がしてきて受け取ってもらえなかった微細な信号を、確認してもらったような安堵感があります。」

「それまで、相手にぶつかりそうだと感じると、自分を出すことにいいイメージを持てなかったんです。でも、こういう世界があるなら自分を素直に出せるかもしれないし、大きな突破口になる感じがしました。そして同じように自分が弱い存在として小さくなっていなければならない女性や子どもが、沢山救われるのではないかという気持ちにもなりました。それと、稽古に参加されているみなさんは武道好きの方が多く、そのお話を聞いていても、フルコンタクトとか、どこの誰がこんな技を使ってるとか、発音したことがない言葉ばかりが飛び交っていて外国にいるようでした。でも、強そうな男性陣が子どものように楽しそうにしている姿はなにか微笑ましく（すみません・笑）いい世界だなあと思いました。稽古を終えて帰宅したら、主人から『今日はなんだか、いい顔してるね』って、言われたことを覚えています。」

ちょうどその頃、高萩の紹介で川西と知り合った自分は facebook でメールを何度かやりとりしたことがある。当時、彼女はこんなことを言っていた。「東京支部は武道や武術の経験者ばかり。そんなところに何も知らない私が行っていいのかなと思った」と。自分はえらそうに答えたものだ。「氣空術に武道・武術の経験ある無しは関係ないよ」と。事実、稽古に参加しているのは経験者ばかりではない。未経験者も女性も猛者たちに混じって、気軽に楽しくやっているのだ。そういう雰囲気を感じた川西は臆する気持ちもなくなった。

「それともう一つ、気楽になるきっかけがあったんです。会長がある日、稽古後の懇親会で励ましてくださったんです。私にとっては過剰なまでの褒め言葉だったけれど、それがとても嬉しかった。あのときの激励の言葉には本当に感謝してもしきれません。氣空術、好きだって気持ちだけでいいのではと気楽に考えられるようになりました。」

入門して、一年になろうという今、「身体は元気になったし、心や口調が少し柔らかくなれたかもしれない」と彼女はいう。

「私は氣空術の技を体得しているわけではなくて、自分の心身の抵抗を減らしている段階ですが、できているときの身体のイメージを起点にして日常も過ごしています。自分がいかに今まで人に対して『思い遣り』といいながら、力を送り込んでいたかが分かったし、相手を操作しようという試みはすべて反発されるのが自然な法則だということも、身にしみて分かってきました。それから、自分が考えていることは基本的に人に伝わるものだということも分かったので、『頭の中では何を考えててもいいや』というのではなく、心も身体も全てにわたって、誠実になりたいと思うようにもなりました。」

五

技の面でも合気の初歩的な感覚が向上してきたそうだ。

「合気がかかっている感じを、会長から『これ、ほらもう入ってる』といわれるたびに、『圧と結びって、こういうことなんだ！』と分かるんですね。それを稽古相手にも感じていただけることが素直に嬉しいです。氣空術の合気技は二方向も二触法もとても、繊細なまでの感覚があると思うのですが、それは女性のほうが感じやすいのかなと思ったりもします。だから、多くの女性に稽古に参加してもらえたらというのが私の願い。『こんなことで、技がかかるの！』という驚きや感動を分かち合いたいです。それから、実際の技は複雑な動きではなく一瞬にピッ！とやるものが多いので、雑念を挟み込むタイミングが少ないのもいいですね。」

心の変化もあったという。情に流されたり、人に合わせ過ぎの性格が変わってきたというのだ。

「今までの私は『自分の芯を持つこと』イコール『我を通すこと』という思いがあったんです。それで人を悲しませたり、傷つけたりするぐらいなら、『私は自分を崩してでも、そういうことに加担したくない』って。だから、自分の芯を持ちながら、優しさも併せ持つ。自分の中で崩しちゃいけないもの、流されたらいけないときってありますよね。そういうときに踏ん張れる勇気を抱けるようにもなりました。」

女性ならではの視点と感性で、日常生活に落とし込める心と身体をつかんでいく。それは岸川と同じような「氣空術という武を応用した方法」なのかもしれない。ちなみに川西は現在、絵本を制作しているそうだ。「人が本来の自分の身体に帰る旅のような感じの連作絵本になると思います」とのこと。氣空術で学ぶ合気、それが彼女の作る絵本にどう表現されていくかを楽しみにしている。

第七章　アイキモード

一

本書、文中に何度か出てくるアイキモード、それが何かについては高萩さんが書く「合気の章」に任せることにする。だが、ここで自分が体験した事実も書いておかなければならない。実際にこの身体で体感した摩訶不思議な合気の現象のことを。

初めてそれを体験したのは、平成二六年の三月に本部道場の稽古に参加したときのことだ。どのような技を稽古していたかは覚えていないが、急に歩み寄ってきた会長が「小磯さん、おもろい体験させてあげようか？」と

いう。「はい！」と答える間もなく、「小磯さん、これがアイキモード」と言った。その瞬間である。一種異様な雰囲気がこの身に落ちた。いま思えば、非接触の合気をかけられたと思うのだが、瞬時に身体が固まったのである。それはほんの一瞬のこと。「で、これがアイキモードを抜いたところ」そう言われた途端に呪縛が解けたかのような感覚になった。こちらにしてみれば、「今のあれ、一体なんだ？」という感じである。それはまさに、狐につままれるという表現がふさわしいような、不思議な現象だった。

それが一回目のアイキモード初体験。二回目はやはり、本部道場を訪ねたときのことだ。通常の稽古時間より早めに道場に着いた自分に会長のマンツーマンの指導が始まった。一連の座技を稽古した後、立ち技に移行したときのことだ。何を思ったか、会長が「構えてごらん」という。言われるままに、オーソドックスで両手を上げて構える。すると、「そこで、自分の全身に力を入れてごらん」という。格闘技でも全身に力を入れて構えるなんてありえないのだが、言われたとおりにやってみた。「はい、そこで一気に力を抜いて！」言うやいなや、会長が氣を送るかのような動きをした。すると…自分の身体が別物のなにかに変化したような感覚になった。「そう！　それで私に何かしかけてごらん。」—しかけろと言われても何をすればいいか分からない。一瞬、迷ってから縦拳突き倒しをやったところ、盤石の態勢のはずの会長が崩れそうになった。

「そうそう！　それやねん！　もう一度、やってごらん。」二度目を促されて同じことをやろうとしたら、今度は崩せない。という以前に急激に変化した自分の身体がまた、元に戻ってしまったのである。以降、何度か試みたが、できない。「抜けたね〜。でも、アイキモードがどういうものか少しは感じられたでしょう」と会長。確かに少しは感じられた。だが、「あれってどういう現象だ？」という感じである。一回目もそうだったが、二回目に自分自身が異質の感覚になれたことは分かっても、なにがなんだか分からないのだ。

二

ここで一言、断っておく。自分はこと、武道・武術、格闘技に関しては超がつくほどの現実主義者だ。アンテクノロジーなことは一切、信じない。氣で相手が吹っ飛ぶなどの類の話は、かける側とかけられる側のラポールか演武的なものと思っていた。だから、二回にわたって不思議な体験をしたにもかかわらず、疑問がわいた。「あれは瞬間催眠術みたいなものではないか」と思ったのである。しかし、そういう類の体験は十数年前にしたことがある。あるメンタルセミナー（スポーツメンタルセミナー）の場で行われたのであるが、その場には確か二十名近くの受講者がいたと記憶している。セミナーは三日間、連続で行われ、その最終日にコーチとプレイヤーの信頼関係が構築されると、こういう現象も起こりうると、その講師は言った。そこでやったのが瞬間催眠みたいなものだったのである。

講師がある参加者を呼び、数分間、声をかける。その後、椅子に座らせた人の顔に自分の両手をかざして「リラックスして、私のカウントを聞いてくださいね」と言ったのだ。「一、二、三…」カウントを聞いているうちに、その人は意識を失うかのようにぐったりとなった。すかさず、講師が「私が合図を送ったら、すぐに目覚めます。はいっ！」声を聞くなり、その人は目覚めた。不思議そうな顔をしながらも「今、すごく気持ちがいいです」という。それを数名の人が受けた。全員ではないが、やはり、同じような状態になる。感想を聞くと、みな一様に「身体も心も開放されたかのような、楽な状態になっています」という。それなら、自分もかけてほしいものだと受けたところ、これが全くかからなかった。

講師にこう言われたものだ。「あなたはまだ、私のことを信頼していない」と。何をいうかと思った。信頼できなくて当たり前の話だ。たかが三日間のセミナーでそんな気持ちになれるものかと…。その話を別のある場でしたところ、そこで初めて「ラポールによる現象」というのを知ったのである。催眠術的なものは受ける側が「かかりたい」という気持ちにならないと、そう簡単にかかるものじゃないと。断っておくが自分は人に対して、猜疑心が強いタイプではない。自分でいうのもなんだが、素直な性格なのである。

ただし、いくらその人を信頼しようがなにしようが、訳の分からないものにはかからない。前置きが長くなったが、そんな性格なのだ。だから、二回のアイキモード体験があっても、すぐその現象を素直に受け入れる気持ちになれなかったのだ。

三

本書で白状するようだが、氣空術の技そのものも当初は半信半疑の思いが続いていた。確かに投げられ、崩されたりはする。その技は力対力ではなく、関節を決めたり、組技で絞めるものでもない（これはこれで無茶苦茶、効く）。簡単にいうと、相手の無意識にかける技（動き）。一方向にしろ、二触法にしろ、脳が既知の動きに反応できない技であり、動きなのだ。それで自分は何度も技をかけられているのだが、あるときはこうも考えていた。「脳が対応できないから、投げられ、崩される。ならば、何度も技をかけられるうちに耐性ができて、かからないこともできるのではないか」と。

武道・武術にしろ、格闘技にしろ、やり続けていれば、相手の攻撃への反応が早くなる。もともと、人間は危険を回避する動きを知っているのだ。そのうえでなんらかの武道をやれば、打撃も組技もそれなりの防御する反応・動きができるようになる。むろん、それができるようになるには徹底した稽古、トレーニングが必要になるのだが、それと同じように氣空術の技にも対抗できるようになると考えていた。がしかし、それができないのだ。力なき触れるか触れないかの動きで倒されてしまう。

もともとが合気を術として、ダウンロードしたのが氣空術である。二方向も二触法も正しくできれば、圧と結びができて、受ける側の身体は固まる。あくまで、「正しくできれば」が前提である。力になったり、腑抜けではかからない。支部稽古の指導中、会長から何度も呼び出されては技の見本相手をさせられ、そのたびにあっけなく技が決まる。悔しいから、脱力したり、重心を落としたりしてかかるまいとしたこともあったが、それでも投げられ、崩されるのだ。あるときなど、「小磯さんは（合気が）かかりすぎるから、見本にならへんな」と言われたこともあった。「ならば…」と思った。実際に自分が本気モードの打撃で攻めたら、どうなるかと。師に対して失礼とは思いながらも、そこまで言われたら、自分だって打撃技を何十年とやってきた人間である。本気の本気でかかったら、そうは簡単にかかるものかと思ったのだ。「いつか、機会あるときに会長に実戦を試そう！」――そのチャンスはある日、訪れた。

四

平成二七年一〇月の支部稽古のことだ。稽古前に会長が「パンチがきたら、それを誘うように腕をこう、接していけばいい」という指導をしてくれた。このとき、自分は軽くストレートを打った。それで会長の技がかかる。「スピードのあるパンチにも使えますか？」と聞いたら、「そのほうがかかるよ」

という。「では、実際にそれを体験させていただけないでしょうか」と頼んだら、「ええよ」との快諾。好機来たれり！　である。構えることなくたたずむ会長に渾身の左ストレートを打ち込んだ。当たれば、倒せるまではいかないにせよ、相当な衝撃を与えられるパンチである。がしかし、当たると思った直前に会長が動いた。その瞬間、何をされたか分からないが、凄い勢いで吹っ飛ばされた。アイキモードになっているのだ。一撃を狙うとかけられるから、飛び起きるなり、今度はフェイント気味の左を出した。当たらなくていい。次に右の実弾を打ち込もうとした。ところがまたしても、会長の手が触れるか触れないかで投げられる。三回目はなんと、打ち込む寸前に会長が触りもしないのに、非接触で合気をかけられ、身体が固まった！「こんなバカなことがあるか」と思いながらも、倒される。

自分はかなりのスピードで動いている。しかし、どういうわけか会長の動きのほうが速いのだ。常に先へ先へととられるかのように。この攻防中、炭粉さんが初めて保江先生と対戦したときの話が頭をよぎった。氏の自著『合気解明』（海鳴社）の一文である。興味ある方は一読いただきたい。このときの自分はまさにその炭粉さんと同じ体験をしたのだ。どう攻撃しようが、何度も投げられ、道場の畳に叩きつけられ、終いには倒れたところを踏んづけられた。同時にとてつもない衝撃が全身を襲う。合気がかかると、身体は硬直するかのごとく固まる。その固まっている状態で軽く踏まれただけ（足を乗せる程度）で、「ぐぇーっ！」となる。身体が壊れるかというぐらいの衝撃だ。しかし、不思議なことにダメージはない。ダメージがないから、すぐに立ち上がって攻撃するのだが、わずか六回、投げられ、崩されただけで疲労困憊した。何度か経験していることだが、合気をかけられると、こちらの身体は凄い圧力みたいなものでギューッと固まる。そのとき、呼吸も止まる。だから、とんでもなく消耗するのだ。疲れるなんてもんじゃない。「まだ、やりますか?」と笑顔でいう会長に「もう、十分に体験しました」と答えるのが精いっぱいだった。打撃の攻防はピーク時のようなスタミナはないけど、今でも三分ぐらいならできる。疲れはしても要所要所でディフェンスし、反撃することもできる。ところが、アイキモード状態の会長にはまるで歯が立たないのだ。

五

このときの模様を友人にデジカメで撮影してもらった。ブログにもそれを一定期間だけ公開もした。そして、これを観た武道・格闘技仲間からさまざまな声をもらった。多かったのが「一打でダメなら、なんて次を出さない?」という声。言われなくたって、そうするつもりだったのだ。一の次にパンチなり、蹴りなりを出すつもりでいた。ところが、触れられただけで身体が固まり、それができない。固まるのは上半身だけではなく、全身が固まる! さらに、動画を改めて観たとき、四回目に投げられるシーンであることに気づいた。左を打ち、次につなごうとしたにもかかわらず、身体の全てが固まっている。ゆっくり倒れていく自分の右足が棒のように伸びて、硬直しているのだ。

やっている最中は気づかなかったが、改めて観て、「こうなってたのか」と思った。さらにまた、「倒れたら、すぐに起きるなり、下から蹴るなりすれば…」という意見もあった。できるものなら、それをしている。ところが倒れても固まった状態だから、何もすることができない。悔しいけど、それが事実だった。やることなすこと、全て完封されてしまったものの、ある意味、感動でもあった。こんな体験、そうそうあることではないからだ。会長も「今日は特別だからね。こんなこと、滅多にやらないよ」と話していた。

アイキモード、会長ほどの深遠な状態ではないにせよ、自分も何度か体験している。初めてそれができたのは稽古仲間の紺野さんと自主稽古をしているときのことだった。確か、突きに対する二触法をやっていたときと思うが、相手が打とうとした瞬間にスッと入って軽く手を触れただけで、紺野さんが「うわっ！」と声を上げて倒れた。「？」と思いながら同じことをやると、これまた同様にかかる。不思議なことに紺野さんも自分と同じ状態になった。打撃だけでなく、組技にも試みた。柔道三段の紺野さんが大外刈りをかけてくるのに逆らうことなく、動いたらこれも逆に投げることができる。「紺野さん、わざと倒れてないか」と聞いたら、「決してそんなことはない」というのだ。突如、合気のかかった自分に疑いもあったから、相手に何も伝えず、力で受ける、避けるをすると…これだと倒れないし、崩れない。紺野さんにも同様のことをするよう伝え、攻撃したところ、やはり、「受けよう」とすると、かからないのだ。

帰宅してから、会長にその日の出来事を伝えたところ、「おお、できたね、アイキモード！」と喜んでくれた。しかしまた、なんでいきなりこんな状態になるかが不思議でならなかった。しかし、それなりの布石はよく考えるとそれなりにあったことに気づいた。

六

それは支部稽古の最中だった。友人とくっつく掌をやっていたところ、やたらと粘着感がある。それを見た会長が「相手の甲側に掌をつけて、真下をやってごらん」という。言われたとおりにやったところ、力を入れたわけでもないのに真下に崩せる。「うん、それができたら、今度は自分の甲側に相手の掌を置いてもらう。その状態で自分の手を真下にやって」と言われ、そのとおりにしたところ、なんと、手を下げたと同時に友人の手が離れず、そのまま倒れてしまったのである。これが「本当のくっつく手か」と驚いたことを覚えている。

さらに、こんなこともあった。相手に立ち技で手刀を打たせる。それを受けるのではなく、迎え入れるようにやったら、ここでも腕のくっつく現象が起こり、そのまま受けた前腕を軽く前に降ろしたら相手が倒れた。ここで会長に言われたことが今も鮮明に頭に残っている。

「そう、それ！『受けよう』とせえへんかったでしょ。その気持ちが無意識の技を成立させるねん！」

これが合気を感じるきっかけになったのだ。打撃系格闘技をやってきた自分はどうしても、相手の攻撃を受けるか、避けようとする。その動きはそれこそ無意識にそうなっているのだ。そんな自分に会長は今まで何度も言ってきた。「当たってもええねん。『受けよう』という気持ちを捨てて、『迎え入れる』でやる。そうすると、攻撃した相手の反応も狂うし、技も決まる。」

実際にそれができて、「こういうことか！」と思った。打撃に闘気で反応しないのだ。ならば、迎え入れる動きを無意識レベルにできるようになればいい。それを繰り返しの稽古で意識のモードを変えられるよう、やっていけばいいのだ。そんなことを思っていた当時、ちょくちょく、やりとりしていた炭粉さんから、こんな話を聞かされた。

「合気とはある意味、全く相手と歩調を合わせないことで相手をギョッとさせる行為のことです。人同士が格闘するとき、自由に攻防しているつもりでも、実はお互いに『格闘する』という約束をしっかり守っているのです。それを舞いなどの別の行為にすり替えることで、相手がよく見えてきたり、スローに見えてきたりする現象が生じます。何せ、『格闘する』約束を反故にするのですから。約束事とはつまるところ、脳が『～しなければならない』という思考のフィルターを通すことですから、その分遅くなるのです。」

七

炭粉さんの話にはまだ、先がある。それを聞きながら、「なるほど！」と思った。要するに、受けようとした時点で筋力の反応が起きる。そうではなく、迎え入れることで別の動きが身体の中で始まるのだ。

そのような体験がいきなりのアイキモードにつながったのであろう。以降、何度かこの現象を体験した。攻撃してくる相手にこちらは闘う心一切無し。にもかかわらず、相手の動きが事前に見えて速く反応できる。

だがしかし、このアイキモードは消えかけの蛍光灯のごとく点いたり、消えたりをする。氣空術門下のみならず、他でもこれが通用するかと、打撃系の武道をやっている知人と手合わせをしたことも数回あった。今のところ、できる確率は三割いけばいいほうである。自分のレベルでは、この程度のものだろう。ただ一度だけ、「これが最高！」という状態を体験したことがあった。それは高萩さんと二人だけの自主稽古のときだった。まさに、武神が舞い降りたとしか思えないような状態。あれ以上の深いアイキモードは以来、一度も体感していない。

続けて会長からいただいたアドバイスを書く。「アイキモードは抜けることもある。だから、技として恒常化できるように会得していく」と。繰り返し書くが、合気を術として体系化したのが氣空術。術は繰り返しの稽古の中で会得できるようになる。無理、無駄のない動き、自然な動きを無意識のレベルで心と身体に落とし込んでいく。それが皮膚接触であり、二方向であり、二触法なのだ。

八

氣空術の稽古中にこんなこともあった。二触法をペアでやるのではなく、続けざまに五人の相手にかけていく稽古だ。これは自主稽古でもそれなりの確率でできるようになっていたので、自信があった。身構える相手に「〜してやろう」ではなく、力まずに柔らかく触れていく。それが四人まではできた。ところが、ある人の前に行った時点でかからない。かけようとした時点で「かからない」ことが気配で分かるのである。こうなった時点で技は使えなくなる。何度、繰り返しても結果は同じだった。

稽古後、会長に言った。「自分、どうしても『やったろう!』になってしまうんですよね。それが合気の技の邪魔をしてる」と。すると、少し考えた会長が「空手の前屈立ちで立ってごらん。両手を組み合わせて、腕をまっすぐに伸ばす。」──言われたとおり、前屈立ちでどっしりと構えた。その重ねた両掌に「まずは力でパンチを打つね」という。空手で鍛え抜いた、さざえのような会長の拳である。バチンと音を立てて打たれれば掌が痛む。だが、それだけではどうということもない。続けてこう言われた。「今度は『自分はこの世でいちばん、弱い』と思ってやるね」と。そう言った会長が横を向いて、目をつぶり、全身の力を抜くようなことをした。するとだ、みるみるうちに弱そうな印象に変化したのだ。今度はその状態で打つという。「こんな弱弱しいのでは、どうってことないだろう」と思っていたら、打たれた瞬間に吹っ飛ばされた！　唖然としながらも、こう思った。「こんなはずはない。あんな弱弱しい状態で打たれた程度で、倒れるなんて！　油断していたんだ。今度はそうはいくものか。」──もう一度、立ち上がって自分ではこれ以上はないという盤石の態勢で構えた。

その自分に会長がこんなことを言った。

「今度、高さん（高萩さん）と二人で自主稽古するでしょう。彼は合気にかかりづらいし、鍛え抜いてきた男だから強い。そんな高さんにこう思ってごらん。『あなたは強い。でも、自分も同じように強い』って。そのうえで『強い自分はほんの少しの力を使う』と思いながらやるんよ。」

言われると同時にパンチがきた。すると、今度はさっき以上の衝撃がきて、とんでもない勢いで吹っ飛ばされた。驚く自分に会長が笑顔でこう言った。

「分かる？　これが合気の真骨頂だよ。」

会長にはもう何度も驚かされているから、多少のことには驚かない耐性ができている。しかし、このときばかりは愕然とするような思いに包まれたことを今も明確に覚えている。「強い自分がほんの少しの力を使う」…それだけのことで、範疇外の衝撃がくるのだ。それこそが合気。武の真髄を覗く貴重な体験だった。

九

思えば、不思議なものである。自分は「合気なんてない」と思っていた。一方で高萩さんは「合気はある、どこかにある」と思い続けてきた。その異なる二人が氣空術を縁にして意気投合して、親しくなる。すると、合気を信じていなかった自分のほうが合気を体感することができる。一方の高萩さんは合気がかかりづらいうえに、「感じることもできない」という。合気という摩訶不思議なものに、全く別の観念と体感を持つ男が同じ道を歩もうとしているのだ。ここには、炭粉さんのいう「予定調和」がかかっているとしか思えない。

本書を執筆するにあたって、高萩さんの協力申し出はそういう意味でも嬉しかったし、有難かった。自分とはまったく違う観点で、彼なら合気をどう書くか。執筆を引き受けてくれた彼に「合気の歴史的経緯も書いてほしい」という無理難題も頼んだ。それが以降に始まる「合気の章」である。さまざまな文献を引用しつつ、合気に関する掘り下げた解説と彼なりの洞察、体験談を読んでほしい。

第八章　合気の章

高萩英樹

序

本書の発刊にあたり、小磯さんから共同執筆の要請があった。無論、大切な拳友からのリクエストであり、また合気探究者の一助となればと思い、ことの重大さを考えずに快諾してしまったのだ。その時点では、私が担当するテーマについては何も決まってはいなかった。

とある雨の晩のことである。本業を終えて帰宅した私は、ソファーに腰を下ろし、いつものように赤

ワインのコルクを開けた。仕事は連日多忙を極めている。ワインを喉に流し込む度に、ようやく世間のしがらみから解放されて行くのであった。

桃源郷の世界を彷徨い始めて間もなくの頃、けたたましく携帯の呼び出し音がなった。電話の相手は小磯さんだ。

「書籍のテーマが決まった。高さんには、「合気の章」を担当してほしい。一般的に言われている合気の歴史や、意味、そして高さんが、今観ている世界。これらをなるべく平易な言葉で書き上げて下さい。」

私は絶句した。よりによって一番難解なテーマが振ってきたのだ。

これまでも古今東西の著名な先生方が合気の解明を試みてきた。多くの歴史的検証や、科学的、医学的なアプローチもされてきた。しかし、誰人も合気を完全解明できていないのだ。日本武道の奥義と言われる合気。その不可思議な世界を、凡愚である私が実体に迫り、活字に落とし込まねばならない。

私はワイングラスをテーブルに置き、しばし途方に暮れた。髪を掻きむしりながら無い知恵を振り絞ってはみたものの、一向に答えは出てこない。いや、出てくるはずはない…。

私は現在、大手外資系ＩＴ企業に席を置き、日本支社で仕事に従事している。特に欧米企業では、社員に求めるパフォーマンスのレベルが高く、常に自己啓発を心掛けなければならない。企業に価値を提供できない社員など、すぐに不要になってしまうからだ。もちろん、社員向けに膨大な数のトレーニングを準備している企業も多い。私が勤務する企業でも多くのトレーニングが提供されている。タイトルは忘れてしまったのだが、少し前に受講したコースの内容は印象深く頭の片隅に残っていた。それは、多くの情報を収集分析し整理するというものであった。かつ、整理された情報をさまざまな指標に沿って最適化するのだ。私はピンと来た。幸いなことに、合気に関するソースは無限にある。師、畑村の教えを録画した動画、そして口伝をメモに書きとめたもの、豊富な書籍、合気を体現できる拳友達、また、最近ではWebで簡単に武道家達の動画を視聴することもできる。そう、枚挙に暇がないではないか！

これらの情報を自身の体験を基に、整理・体系化していけばきっと良いものができるだろう。そしてもう一つ重要なことがある。それは過去の書籍との差別化である。今まで誰も記載しなかった大胆な仮説を展開し、それらの検証経緯を描ければ、読者の方にも何かしらの価値、いや、合気習得のヒントを提供できるかもしれない。

私の目線に偏ってしまうことにはなるものの、合気探究の道程における現時点での真実を余すことなく記載することにした。

かくして私の心は定まった。そうなれば後は徹底的に合気を醸成するのみである。現在の因が将来の果報となるのであれば、このまま鎮座したままではいられない。いますぐ武功を練るべし！　汗をかき、血を流し、身体全体で合気を再確認しなければならない。

よしっ！　小磯さん、拳友の下山さん、いざ尋常に勝負！　もちろん、顔面ありのフルコンタクトで！

合気伝承の歴史を知る

実際に合気探究の世界に入る前に、ある程度、その伝承を知ることは重要だ。いささか読みにくい所もあるかもしれないが、できる限り簡潔に合気伝承の概要をおさらいしてみたい。

日本最古の書「古事記」には、建御雷神《たけみかづちのかみ》が、建御名方神《たけみなかたのかみ》を「葦を取るように、つかみひしいで投げた」との記載がある。これは相撲の原点になったと言われる「手乞《てごい》」と呼ばれるものだ。

この手乞は、我々が知る現代相撲とは趣が少々異なり、より武術的な側面が強かったと推測される。仁明天皇の「勅」（天長十年／八三三年）には次のような記載がある。

「相撲節は単に娯遊に非ず。武力を簡練する、最もこの中にあり。」

この相撲（手乞）の目的は、天皇を外敵から守護するために存在し、宮廷や武士の間で広まり修練されてきたと言えよう。

伝説によれば、平安時代の後期、清和天皇の末孫である「新羅三郎義光」を始祖として、合気を基とした柔術が生み出された。義光は軍学を習い修め、宮廷に仕えながら武術としての相撲を究めた名将であった。晩年は、後三年の役の戦功によって甲斐守を任ぜられ、園城寺の密教道場で心身練磨を行い不思議なる神通力を体得したとされている。

ここに手乞の技術を発展させた「大東流合気柔術」が生まれたとされるのである。＊

＊　史実として、古事記、新羅三郎、甲斐武田家、会津藩武田家の文献などの史料に「合気」という言葉があったという証拠はないようである。

義光の合気柔術は、次男である義清に伝えられたが、義清が甲斐武田に移住し、武田姓を名乗ってからは、甲斐武田家の武芸として代々伝承された。甲斐武田家滅亡後は、その末裔である会津武田家に伝えられ、藩内の厳選された上流武士及び、奥女中のみが知る門外不出の秘伝武術として伝承されていった。

時は明治に舞台を移す。会津藩士、武田惣吉の次男として「武田惣角」が誕生。幼少の頃より武術修行に精を出し、相撲、柔術と言った徒手による技術に加え、宝蔵院流槍術、小野派一刀流、鏡新明智流、直心影流剣術等を学んだ。西南戦争後は全国各地で武者修行に興じる。明治三十一年（一八九八年）、霊山神社の宮司をしていた西郷頼母より、「剣術を捨て、合気柔術を世に広めよ」との指示を受け、大東流合気柔術を広めたと言われている。＊

＊　大東流合気柔術は、「武田惣角が創始者」との説がある。私は伝承されてきた物語よりも、こちらの説が正しいと思っている。（【参考】池月映著『合気の創始者　武田惣角』、本の森社）これまでは、先の伝承話が一般的に信じられ広められてきたが、実際には武田惣角とその子孫らは、大東流合気柔術の誕生に影響を与えた密教・修験道の秘密を固持しなければならない事情があったため、伝承で語られるような歴史を創作する必要があったとの立場を取る。

惣角は生涯道場を持たず、要請されれば何処にでも赴き、差別無く大東流合気柔術の技法を広めたとされる。

近代の合気とその謎について

「合気」が近代で注目されたのは、武田惣角の弟子達の活躍である。特筆すべきは、大東流合気柔術宗範の佐川幸義と、合気道開祖の植芝盛平だ。「小柄な老人が体格の良い相手を触れただけで倒す」、「相手を無力化する技術」等々の、物理的法則をまるで無視した、不思議な現象を起こす業《わざ》とのことで大きな注目を浴びた。この合気は、日本武道の奥義として位置付けられ、今なお多くの武道家達が求め続けている。また、その不思議な現象の解明については、学識者達によって、幾度も科学的な調査が試みられた。詳細は割愛するが、過去には、筋電計を用いた調査結果から、人体からの微量な電流の発生によって相手を動かすと言った生体電流説や、ベンジャミン・リベットの『マインド・タイム』（岩波書店）に記載される、〇・五秒の認識の遅れによる脳のタイムギャップ捏造説、または、脊髄反射制御（バビンスキー反射（Babinski reflex））によって合気現象が発動するのではないかといったさまざまな仮説が存在するものの、未だ解明には至っていない。

　解明を阻害する理由の一つとして、合気という言葉は具体的な定義が定まっておらず、合気使いと呼ばれる術者によっても解釈や理解が異なってしまうことが挙げられる。これらがますます合気を謎の物としてしまっている。


　さて、合気という言葉についても触れねばなるまい。

　もともとは、大本教の「出口王仁三郎」が造語し、合気道の開祖である植芝盛平を通じて武田惣角に伝わったと見るのが妥当ではあるものの、大東流合気柔術の一派では、禅密功の「合気陽陰法」を語源とするとの説を取っている。しかし、「あいき」という言葉は、剣術の世界において、以前より、全く異なる意味で使われていた事実がある。武田惣角が学んだと言われる小野派一刀流では、

　「一、合打　敵と打ち合ってどうしても合打となって中々勝負がつきにくいことがある。いつまでたっても合気となって勝負がつかない。遂には無勝負か共倒れになることがある。これは曲合が五分と五分だからである。こんなときは合気をはずさなければならない。合気をはずすのには先ず攻防の調子を変えなければならない。」

とある。また次項にもこのように記載がされている。

「二、留　敵の太刀に逆らい出合に合気となるようなことがない留めの法がある。」（笹森順造著『一刀流極意』、礼楽堂）

さらに、『天真独露』（無住心剣術　小田切一雲）にも

「兵法諸流、先を取るを以て至要と為す。恐らくは不可也。我先を好めば則ち敵もまた先を取らんと欲す。此則ち先々之先也。是の意にして合気之術也。敵もし我の不意を討たば則ち敵は常に先々、我は以て後也。故に負を蒙る。剣術は無益の数ならんか。然らず。ただ先と後とに拘らずして、無我の体、円空の気を備ふれば、すなわち千変万化して勝理常に己に有り。人、恬淡虚無なれば、その気乾坤に充満し、その心古今に通徹す。神霊万像に昭臨して、白日晴天に麗らかなる如し。一物前に現るれば、見聞に随て、意已に生じ、気已に動く。若しこれに執着すれば、則ち神霊忽ち昏晦して浮雲大虚を覆ふが如く、最初の天真之妙心を失却して、散乱麁動の妄意に転倒せむ。これ則ち合気の為す所なり。平日の工夫修養合気を離るるの一法にあるのみ。」

と教導しており、一刀流と同様、攻防の調子（拍子）が敵と同じになってしまうという意味で「合気」という言葉が使われている。

賢明な読者ならもうお気づきであろう。剣術から発展し、無手捕りの戦術を体系化した柔術・合気道である筈なのに、肝心の「合気」の意味がまるで異なることに注目して頂きたい。合気系武道では、合気は相手にかけるべきものであり、術の根本となるべきものなのだ。故に修行者は苦悩しながらも、何とか合気を身にまとおうと努力をする。しかしながら剣術では、合気は避けるべき対象として使われているのだ。「かけるべき合気」と「避けるべき合気」。一見、この矛盾にも見える表現。これはいったい何を示しているのだろうか？　最初からまったく別のことを表現していて、両者にはもともと関係などないのか？　それとも凡愚には到底気付くことができない深い境地が存在するとでもいうのか？

頭脳をフル稼働させ、この謎の解明に挑もうとするも、核心に近づけば近づくほど、新たな疑問が芽生え、真実はより深い闇に覆われ、振り出しに戻ってしまうのである。故に、この謎の解明は本章の最重要テーマとして位置付け、本章の最後に私説を記載することとする。

合気分類

これまで合気の歴史や概要について述べてきたが、ここからは、合気を便宜的に「技法」と「心法」とに分類し、その実態に迫って行きたいと思う。

概ね合気と呼ばれるものには、身体操作の技法によって不思議な状態を生じさせるものと、仕手側の心の持ち方によって同様の現象を生み出す心の技法というものがある。多くの合気系武術の道場では、これらの技法と心法を併修させている所が多い。

例えば、某合気柔術では、修行者が無心となって「赤子歩き」を行ったり、「九字護身法」で穢れを払った後、禅定によって心身の統一を修業したりもする。また、某合気道では、心を静め、呼吸によって、全身に氣をめぐらす訓練を行うという。

やはり、技法と心法、そのどちらかが欠けても真の合気にたどり着くことはできないと見える。

余談だが、合気道は「歩く禅」と表現される。禅宗の開祖である栄西や道元の釈にも次のような記述が見られるので紹介しよう。『禅苑清規』には、「身心一如」との記載があり、また、『正法眼蔵』にも同様に心身一如が説かれている。

故に本来は、合気を技法と心法に分類するなど全く意味のないことなのかもしれない。しかし、後継の理解の一助とするために、あえて合気を分類し、私なりの愚見を述べてみようと思う。但し、繰り返しとなるが、徹頭徹尾、合気は心技一体でなければならない。

「合気」その技術

多くの合気系武術に共通して見られるキーワードがある。それは「圧と結び」である。圧が強すぎれば、受けの反射神経が目覚めてしまい、仕手の「やってやろう」という気勢はたやすく読まれてしまう。

受けは仕手の思惑を見透かし、全身を使って防御態勢を準備するので、これでは合気などかけられるはずもない。

また圧が弱すぎれば、単なる腑抜けの技となってしまい、結びが生じることは無い。これまた合気は発現することはない。

合気の技術の第一歩は、適正な圧と結びを生み出すことにある。これは一朝一夕にできるものではない。幾度も自らの身体で合気を感じ、受け、絶妙というべき感覚を手にした者のみが、ようやく体得できるのである。氣空術では、その境地を「腕の道具化」、「皮膚接触」と呼び、約束組手を通して自然な体得を目指すのである。

結びができれば、次に必要となるのが「質量の伝達」である。仕手が圧をかけた直後、両者が不動のままであれば何も起こるはずはない。自然に圧をかけた部位の結びが外れてしまうか、もしくはそのまま結びだけが維持される。

故に仕手は自ら動かねばならないし、受けを動かさねばならない。

多くの合気系武術では、質量の伝達の仕方と動き方に独自の工夫を凝らしているようである。具体的な例を幾つか挙げてみよう。

炭粉良三氏の一連の合気シリーズに登場する「関東式合気」では、接触部の圧に対し、受けが想像もしていない場所から発力をする。受けは意外な場所から伝わってくる力に、防御が間に合わなくなり、結局崩れてしまうことになる。

また、有名なフルコンタクト空手の某流派では、質量の伝達の方法として体重（重力）を直接利用する。骨盤の落下を利用して重力自体を武器として使うというのだ。これらの技法に類似する身体操作は、一部の合気道でも多用されている。例えば入身転換での合気技がこれに当たる。圧の生じた接触点に対し、一気に仕手の重力（呼吸力）を乗せる。重力は何も体重だけではなく、大地からの力をそのまま結びができている箇所にかけるのだ。受けは想定以上の衝撃を受けてしまうため、残留する身体の力を防御に利用しようと試みるのだが、どうしても間に合わない。圧点からじわりと伝達してくる質量は、受けに対して常に力をかけ続け、相手の動きを封じてしまう。これを合気道では「制す」と表現する。

さらに、相手に握られた手首を支点として、推進力（臂力）を一点に集中させる技法もある。実戦的な柔術技を多用する流派では、そこに関節技を併用する。これをやられると、手首に合気をかけられたにもかかわらず、首の後ろに衝撃が走ることとなる。ダメージもそこそこ大きく機先を制するには有効な技と認識されている。

これまでいくつかの具体例を挙げながら、「質量の伝達」について述べてきたが、これらはあくまでも技術である。技術故にやり方を理解し、反復して覚えることで誰にでも同様の結果が出せるようになるだろう。ただし、多くの合気系武術の基礎として訓練される「合気上げ」（合気道では呼吸法）では、合気合掌や、円転の技術、ベクトルずらし等のさまざまな応用技術が存在しているが、これらは圧と結びにはあまり関係がないため。ここでは割愛する。

大切なのは受けの脳を騙す（「Refractory period」脳の空白期間をいう）技術、反射による防御を目醒めさせない技術に注目したい。受けが何をされたのか理解できない状態を作り出せなければ、やはり、合気とは呼びたくないのが心情だ。

一方、氣空術では質量の伝達に体重の行使は行わない。相手が気付かないレベルの「微力」を、ある法則に従って発力するだけでよい。それを氣空術では「同時二方向」、「二触法」、「重みは真下」と呼んでいるが、これらの基本技は誰でも習得ができるようにシステム化されている。氣空術における質量の伝達手段は他の合気武道と一見類似しているように見えるが、実は全く異なるものだと思っている。因みに氣空術の合気を喰らうと、どうして自分が投げられたのか、また、倒されたのかが全く分からない。また、何故か腹の底から笑いがこみ上がってきてしまうのだ。衝撃は凄いのだが、痛みやダメージは全くない。おまけに、段々倒されることが快感に思えてくるのだから手が付けられない。

氣空術の技は、合気の深淵を悟った畑村会長が、誰人にも体験できるよう自身の合気を術レベルにまで落とし込んだものである。その再現性は非常に高く、稽古法も簡易だ。ただし、多くの門弟がその技術を体験はできるものの、真に体得することは容易ではない。相手の身体の状態を瞬時に理解する中国拳法でいうところの「聴勁」のような能力が求められる。

受けは常に同じ人間ではない。ましてや実戦ともなればなおさらだ。誰とも知らぬ相手を目の前にして、瞬時に身体の重心や傾きを理解し、相手に気づかれないように（反射を起こさせないように）に合気をかけねばならないのだ。これを自在に制御できるようになるには、日常の弛まぬ鍛錬が必要不可欠である。

「合気」その心

これを語るには、拙い体験談を紹介しなければならない。自身の病歴に触れることは、正直少々恥ずかしいのだが、勇気を持って、あの頃の愚かな自身をさらけ出そうと思う。

今から数年前のこと、「ラムゼイ・ハント・シンドローム」という病が突如私を襲った。右顔面麻痺、味覚・聴覚障害、極め付けは、酷い眩暈だ。これらの症状に悩まされた私は歩くこともままならず、当然本業にも支障をきたした。複数の病院に通ってはみたものの、なんら改善は見られない。さまざまな東洋医療や気功と言ったものにも手を出してみたのだが、一向に改善することはなかった。たまたまインターネットサーフィンをしていたときのことだ。同じ病に苦しむ方のブログに、女子サッカーの澤穂希さんが、強烈な眩暈を克服したという内容が書かれていた。そのブログでは、ハードなリハビリを継続し、強制的に脳を Activation させれば、脳は目に映る映像を自動的に最適化し補正するとのことだった。

長年空手で鍛えてきたこの身体だ。苦行は得意なのである。眩暈を克服するには、目を回すような武道でなければならない。決断したら即実行が武道家の常。私は某合気柔術の道場に入門することを決断した。

連日行う、大地に身体を叩きつけるように行う受け身の訓練や、マンションのトレーニングルームに配備されている、同時多方向の振動を与えるマシントレーニングが功を奏したか、次第に体調も眩暈も改善され、「合気」という不思議な現象に興味が行くようになる（正確には、以前から相当興味を持っていたものの、あんなものは八百長、所詮、売文家の商売道具ではないのかと疑っていた。今思えば傲慢無知ははなはだしく恥ずかしい限りなのだが）。

結局、数多くの合気系の道場を巡り、自称（他称も含む）合気使い達との付き合いがはじまり、合気系セミナーや交流会へも参加することになる。合気関連の書籍読破もどんどん数を伸ばしていった。しかし、しかしだ。どの道場へ行ってみても、また、世界的に有名な師範の技を受けてみても、私には残念ながら一向に効かない。

「やはり合気なんてものは存在しないのか？」

失意が胸中に広がる。おまけに加齢とともに減退して行く、積みあがらない鍛錬への限界が武道継続への警鐘を鳴らし始めた。

「合気探究はこれで最後にしよう」そう決めて一冊の本を握りしめた。それが『謎の空手・氣空術』だった。これで駄目なら諦めよう。夢は早く覚めるに越したことはない。私は早速、拳友の一人である福岡のドクターであるＹ氏に連絡を取り、ともに氣空術セミナーへの参加申し込みをしたのだ。

しかし、そこでも合気の理屈は理解できるものの、やはり誰の技も効かなかった（やれやれ…である）。この日は懇親会への参加費を事前に支払っていたこともあり、セミナー後の懇親会に参加することになった。そこで私は奇妙な現象に遭遇することになる。

「高萩さん、今日は折角参加いただいたのに、合気を感じさせてあげられず失礼致しました。」

優しい眼差しの男が私に話しかけてきた。後から知ったのだが、その男の名は畑村吉彦といった。畑村会長のご子息である。

「高萩さんは重心が重いから合気が効き難い。でも、駄目元で私に合気上げをさせて頂けないですか？」という。

無論、合気上げで過去に私を持ちあげた人はいない。が、氣空術誕生の基となった冠光寺流には、受けを足の爪先からのけぞらせてしまう「愛魂の業《わざ》」なるものがあるという。そう、心の合気である。

正直、そんなスピリチュアルなもので上げられるはずはないとタカをくっていたのだが、「どうせ最後の余興だ。これで私の合気探究の道は終わるのだ」と思い、彼の申し出を快諾した。

「心をもう少し開いて下さい。私を信じて。あ、上がる。上がりますよ。」

（この男は一体何を言っているのだ？　まだ力すら入れていないというのに上がるかどうかが分かるというのか？　これは新手の催眠術のようなものに違いない！）

より一層、手首を握っている私の指先に力を込めた。吉彦氏は目を閉じたままで、まるで瞑想しているかのようであった。

私が彼の手首を握りしめてから、およそ三分は経過しただろうか？　私ははやる心を抑え、その時を今か今かと待ち続けた。吉彦氏が静かに瞑っていた目を開いた。お待ちかねの時がついに来た。

私は上げられてたまるか！と、両腕にさらに力を込めた。対する吉彦氏の両腕に力はほとんど入っていない。

私が瞬きをした一瞬、吉彦氏は上空を目指して自身の両腕をそっと上げようと試みた。

互いの力は何故かぶつかる感じはない。いや、まるで私の腕をすり抜けて行くかのような感じがした。

私の身体はゆっくりと上昇し始める。ところがだ、残念なことに上げられている途中で私の反射神経が目覚めてしまった。

身体が完全に持ち上がることはなかったのだが、それでも生まれて初めての貴重な体験であった。

私は興奮冷めやらぬまま、今度はより難度の高い「人差し指」による合気上げを懇願してみた。

断られることは覚悟していたのだが、吉彦氏は嫌な顔一つせず、私に人差し指をそっと握らせてくれた。

驚く事勿れ、今度は私の身体が半分以上スッと持ち上がってしまったのだ。

冠光寺の愛魂上げ。相手を心で包み込むことによって、仕手と受けとの間に特殊なシンクロ状態を生じさせるという。

優しい眼差で吉彦氏が口を開いた。

「高萩さんは上がるようになりますね。そして、必ず上げられるようになりますわ。」

そのときの雰囲気を言葉で表現することは難しい。だが、なんとも温かく、少々懐かしいような印象を感じたことを覚えている。

私に取ってみれば、只事ではない珍事に遭遇したはずなのに、心は何故か安らいでいた。

愛を伝える男

数日後のことだ。突然見知らぬ番号から、私の携帯電話に着信があった。普通であれば非登録の番号からの電話には出ない主義なのだが、何故か直感的にこの電話には出なければならないと感じ、ついつい電話を取ってしまった。

電話をかけてきた男、名前を下山聰一郎という。山形県からわざわざ上京して東京支部稽古に参加している男だ。普段は実戦総合格闘技を修業する男である。後から知ったのだが、冠光寺流創始、保江邦夫氏の書籍に幾度も登場する屈強な武道家であった。彼の人物伝の詳細は、前章の小磯さんの筆に譲ることにするが、私が心法を語る上ではどうしてもここで彼との稽古を紹介しなければならない。

電話での要件はシンプルだった。合気を感じることができない私に、彼自ら学び掴んだ世界を見せたいという。私は山形から遠征して来るこの男に興味をもった。そして、自主稽古をともにすることを約束した。

稽古当日。幾度か合気技を私にかけてみるが、やはりかからない。彼は首をかしげながらも、何度も何度も技を試すのだ。

既に一時間が過ぎようとしていた。

「高萩さん、重心が下過ぎますね。こりゃ重いわ！」「う～ん。確かに合気が抜けますね。」

やはり合気を体験することは無理かと思ったものの、彼は諦める様子を見せない。そればかりか、世にも恐ろしい提案を持ちかけてくるのだった。

総合格闘技を学ぶ彼の肉体はかなりゴツイ。腕は一般男子の大腿部ほどの太さを有している。また、体格もまるでドラム缶のようだ。下顎部には無精ひげが生えていて、余計に好戦的なイメージを彷彿させる。このような男に街で因縁を吹っ掛けられたら、絶対に避けて通りたい。一見、動物にたとえるなら獰猛なヒグマのような男なのである。だが、武を求め続けてきたその肉体に包まれた奥底には、慈愛にあふれた見事な男っぷりが見え隠れする。まぁ、かくいう私も身体的にはかなりゴツイ方なので、あまり多くは語るまい。（笑）

突然、彼が口を開いた。「高さん、違うアプローチをしてみましょう。俺をもっと愛して下さい。そして強く抱きしめて！」

彼の提案に私は絶句し耳を疑った。いや、ハンマーでいきなり頭を強打されたかのような衝撃を受けた。（おいおい！　俺にそっちの趣味はねえぞ！）

下山は笑った。

「ち、違いますよ。冠光寺流の愛魂を試したいのですよ。私にも全くそんな趣味はありません。」（ほ、ほ、本当だろうな？）

彼曰く、冠光寺流では愛情を持って相手の魂を包み込むことによって、相手を無力化できる「心法」なるものがあるという。相手と心を繋げることによって、心法が発動し合気現象が起こるというのである。

一瞬、前述の吉彦氏との合気上げの感覚を思い出した。

渋々ながら（本当に渋々ながら）私は彼の提案を受け入れた（正直、かなり恐怖心はあったが…）。先ずは下山がお手本を見せるという。私は全身に力をいれて前屈立ちに構えた。下山は目を閉じ、少しだけ不気味な笑顔を見せ（失礼！）、そっと私に寄り添うように立った。彼の脱力しきった掌が私の肩に置かれた。果たして…。

「うわぁ!!」次の瞬間であった。私は悲鳴に似た声を上げて床に転がされた（な、何だこれは？一体何が起こったのだ？）。

下山は満面の笑みを浮かべながら、私を眼下に収めている。その微笑みたるや何とも憎めない。

「もう一本！」

私はその感覚が不思議でたまらず、何度もその現象を堪能させてもらった。

「高さん、凄く柔らかいですよ。今なら高さんもできますよ！」

「そうです！　いいです。上手いですね！」

下山に乗せられてしまった感は正直否めないのだが、まるで童心を取り戻したかのように無心で互いに愛魂とやらをかけまくった。

それにしても驚きである。私は確かに愛魂を体験してしまった。柔らかな力が筋肉の壁をスッとすり抜けていく。そして、それにあらがうことはできないのだ。こんなもの、所詮やらせ、もしくは狐憑きというか、師弟間のみで発生する感応の世界でしかないと思い込んでいたのだが、さすがに実在を認めねばなるまい。…とは言え、前述の通り、私は合気への耐性というか、合気が効きづらい身体を有している。その結び（心法の結び）を切ってしまえば愛魂ですらも無効化できるのでは？　と内心思ってはいるものの、わざわざ抵抗を生じさせて、結びを失するのがもったいないので、それらの検証はまた別な機会に譲ることにする。

師の心

話は吉彦氏との合気上げに遡る。

陽気で楽しい畑村門下達との懇親会の席で、あやうく終電を逃しかけそうになっていた私は、彼らに十分な別れの挨拶もできず急ぎ駅へと向かった。帰宅した後は自室にこもり、何度も何度も吉彦氏に体験させせられた世界を一人で思い返していた。

武で培った剛を無効にする合気など存在してたまるか！　そんな凝り固まった思いと、あの合気上げで感じた「何か」が対峙し続けていた。その夜は興奮して眠ることができなかった。

翌日のことだ。Face Bookで繋がった畑村会長（以下、会長と略）からメールが届いた。

「貴殿はやはり特殊な方なのでしょう。しかし、これも天から授かったものです。ご自身が合気にかけられるのではなく、合気をかける側を目指して下さい。如何に心と身体と氣を使うかです。本物の合気を使いこなせる人はそういません。貴殿はその一人になる可能性は十分にあります！」と。

温かな会長の言葉に心は震えた。

かつて私は、合気を体験する為に数々のセミナーや道場を巡った。私に合気がかからないとなると途端に態度を豹変される数多くの先生方を目の当たりにしてきた。あまつさえ、「合気がかからないのは心がエゴに満たされ傲慢だからだ！」と、このような、かくもありがたいお説教をよく頂いたものだ。確かに自分は未熟で傲慢な男かもしれない。それは認めよう。（百歩譲ってだが）だが、一言だけ言わせて頂きたい。

「笑止！　傲慢な敵に対して効かぬ合気など、実戦の場で何の役に立つというのか？　戦場では生死は常に表裏一体。敵は私の命を断つために全身全霊で向かってくるのだ。自分に心酔する弟子にしか効かぬ合気モドキなどこちらから願い下げである。口だけの武道など要らぬ。実戦を忘れた妄想合気など私に取ってみれば全く価値は無い。」（あ、やはりエゴイストで傲慢かも？　笑）

対して、会長の思考は真逆だった。

「合気が効かなくて、相手に合気を効かせられたら最強でしょう。」

「必ずかけられるようになります。」

積年の複雑な思いが一瞬で溶けてしまった。そうだ。合気が効かなくても良いではないか。合気を武道の一つの技として考えれば良い。武道の世界においては引き出しが多いに越したことは無い。合気を無効化できる合気使いがこの世に一人位はいても面白いではないか！　寛大にして、大らかな会長の思いは、いつの間にか武道家としての私の中心を貫き捉えた。もう心は決まった。私は入門を即決し、会長を合気武道の師と定めた。人物の偉大さは弟子の立ち振る舞いを観れば解る。師の器の大きさ、同門の徒の素晴らしさ、どれをとっても氣空術は突出していたのである。私の合気習得への道がここに開いた。


合気道の開祖、植芝盛平翁は語った。

「『合気』という名は、昔からあるが、「合」は「愛」に通じるので、私は自分の会得した独特の道を『合

気道』とよぶことにした。」（『合氣道』五〇頁）

植芝盛平翁が真の合気に覚醒したのは、武田惣角逝去の二年後と言われている。昭和二十年（一九四五年）の白い幽体との稽古を経て確立したという。更に約五年間、研鑽を重ねて「真の合気の道」を悟って、「この合気をもって地上天国を作ろうと思い立った」のだ。武産合気の誕生である。

その奥義は、敵と調和し心を結ぶことであり、相手を認め、更に己と宇宙を融合させることによって無敵に至る道と説かれる。

故に奇蹟とも言える非接触合気と呼ばれる現象も多数生まれたのだろうと思う。

我々武道を修する者は、武の世界に「愛」や「心」などという言葉が出ると、ついつい毛嫌いしてしまう習性があるものだが、心でかける合気（愛魂）は確かに実在したのだ。

さて、そろそろ心法の合気の結論に入ろう。合気発生のプロセスには必ず「結び」が顕れる。技術としての物理的な結び、また、相手の「心」に働きかける心の結びが必要なのである。

これら一連の結びこそが合気を生じさせ、不思議とも呼べる現象を発動させるのだが、結びの状態を作り出すのに必要なのは、やはり愛なのである。物理的な接触を仕掛ける際にも、敵対心を持って相手に触れれば、途端に相手の反射神経は目覚めてしまう。心を完全に無にするか、愛で満たすかが肝要なのである。会長はこう語る。「相手を許し、自分を許せた時に結びが生まれる。それが合気になるのだ」と。

第三の合気「合気モード」

これまで合気の技法と心法に焦点をあて、愚論を進めて来たのだが、合気の世界にはもう一つ別な世界があるという。

合気修行者が「合気モード」と呼ぶ「無念無想の境地」がそれである。筆舌尽くしがたい世界なのだが、私は氣空術を学ぶことによって、幸運にもその初門に至ることができた。いったん合気モードに至れば正に自在。余計なことは何も思考する必要はなく、ただ触れるだけで相手は崩れ倒れていくのだ。技術を捨て、思考を捨て、自分自身すら意識に登らせることなく、全てあるがまま。水が流れるように動くだけで目前の敵はことごとく敵意を失っていく。たとえるとするなら、正に「天上天下唯我独尊」の境地である。

そんな不思議な合気モードを語るには、前段で指摘した「かけるべき合気」と「避けるべき合気」の謎に再度注目しなければならない。何故なら、その謎の答えを心身の全てで覚知した時こそが唯一合気モードに近づく道であるからだ。

古来、合気柔術の基となった剣術の世界でも「合気」という言葉は使われて来た。しかしそれは合気柔術でいうところの合気とは異なり、実際の戦闘の中で避けねばならない状態を示す言葉であった。

かけるべき合気と、避けるべき合気。

これらの表現は一見矛盾に映る。だが、実は両者は決して矛盾してはいないということを知った。スピリチュアルが苦手というよりも、科学で解明できないことが大嫌いな私が恥を忍んでありのままの体験を語ろう。

合気開門　炭粉氏との邂逅

平成二十六年十二月、氣空術東京支部稽古会が、東京は足立区の東京武道館で行われた。稽古終了後の閉会の挨拶において、突如、会長からサプライズな内容がアナウンスされた。

「今日はゲストとして炭粉良三さんが来ています。彼はこの後の懇親会にも出席してくれるそうです」と。

当然、会場は多くの歓声に包まれた。

炭粉良三。某実戦フルコンタクト空手の修行を長年続けながら、合気を求め、多くの著作を出版している先達である。私は炭粉氏の書籍を全作所有しているが、合気探究の道程においては炭粉氏同様、幾度も障壁にぶち当たる。合気を掴むことを諦めようかと考えたこともある。だが、何とかここまで続けてこられたのは、偉大な探究者である先達がいたからである。炭粉氏の苦闘と成長の記に、幾度も自身の勇気を奮い立たせていただいたものだ。

故に私は炭粉氏が氣空術の懇親会にも参加されるという報を聞いて、自然と笑みがこぼれて仕方がなかった。

会場の賑わいを打ち消すかのように、道場の片隅から如何にも武道家らしいたたずまいの男が登場した。合気探究において常に私に影響を与え続けてきた男が目の前に立ったのだ。掌から発汗。そう、柄にもなく緊張していたのだ。

炭粉氏の挨拶が終わり（声まで渋かった！）我々は道場を後にした。

そして都内某所にある、とある居酒屋での懇親会に席を移すこととなる。

炭粉氏は本当に美味しそうにビールを飲みながら、たばこの煙をくゆらせていた。

私はと言えば…まだ情けなくも緊張していた。以外とシャイなのだ。（笑いごとではない。マジなのだから）でも、話はしてみたい。だが、氣空術に入門したばかりの新人がいきなり話かけることに躊躇せざるを得ない（しかし、折角、炭粉先生が参加して下さっているのだ。話もできずにこのまま終わってしまっては一生の不覚。くそっ、恥など所詮一瞬のもの！）。

…とうとう意を決して炭粉氏に話しかけた（緊張故か声はかすれてしまいガラガラだった）。

「炭粉先生、初めまして。私、高萩と申します…。」

炭粉氏は陽気で気さくな人物であった。私のような未熟者にも親切丁寧にさまざまなことを教えてくれた。

おまけに炭粉氏は、門下全員の席をくまなく回り一人一人を激励されていた。この辺り、私自身が人間として見習わねばならないところでもある。懇親会はいよいよ佳境を迎える。炭粉氏が私の隣に戻って来て突然口を開いた。

「ちょっとこっちに来てくれ！」

居酒屋個室の空いているスペースへの移動を促された。あまりにも突然であったため、これから何が起こるのかも理解できず、阿呆面のまま素直に後を付いて行ってしまった。

その瞬間だった。場に殺気が漲る。炭粉氏は鍛え上げた屈強な両腕で十字を切って猫足立ちに構えた。

「よしっ！　本気でかかって来い！」

いきなりのシチュエーションだ。私はパニックを起こした（一体今何が起こっているのだ？　炭粉先生は、まさか居酒屋で「組手」をしようとしているのか？）。

炭粉氏の「前羽の構え」に氣が込められ、緊張が辺りを覆い尽くす（こ、このお方は本気だ！）。懇親会に参加していた面々も驚きの表情を隠せない（そりゃそうだ）。

反射的に私は右半身に構えた。炭粉氏の破壊力のある攻撃を喰らったら一溜まりもない。利き腕を前にして衝撃に備え、全身に力を込めた。

騒がしい居酒屋であったはずだったが、集中していた故か、雑音は次第に遠のいていった。

（一体これから何が起こるのだろうか？）。

ともあれ、自分も一介の武道家だ。如何なるときもその状況を瞬時に飲み込み、腹を決めねばならない。尊敬する先達にＫＯされるのもまた一興である。ただ、自分にも意地がある。そう簡単にはやられる訳にはいかない。

「顔面なしで良いですか？」

覚悟を決め、目の前に立つ炭粉氏に声をかけた。彼は黙してうなずき、厳格な表情で一言を発した。

「そうだ、来い！」氏の気勢が私にピリピリと伝わってきた。

…ここまでだった。不思議なことに、私はその後の記憶のほとんどが消えてしまった。まるでパソコンのDelキーを押して、不要なデータを全て削除したかのようにだ。繰り返すが、その会場は盛況な居酒屋の個室だ。我々以外にも宴会をしているグループで大変賑わっていた。そんなうるさい場所にもかかわらず、私は静寂な空間に包まれていた。周囲の声も次第に遠くなり、最後は何も聞こえなくなった。時の刻みが速度を変える。いつも認識している時間の経過の仕方とは明らかに違う。ゆっくりだ…そして記憶が消える。

ここからの内容は、当時の参加者である下村、谷内、徳田氏、宮地氏をはじめ、多くのメンバーに詳細をリスニングし、かすかに残留する記憶の破片をつなぎとめて書いたものである。

炭粉氏の目的は「痛み稽古」であった。痛み稽古とは、打撃に耐えうる強靭な肉体を養成するための苦行である。相手から放たれる全力の攻撃に対し、一切の抵抗をせず、また、防御もせず、全て己の全身で受け止めなければならない。正に命がけなのだ。炭粉氏は自らの意思で攻撃を完全に封印していた。

私は、瓦十枚を簡単に粉砕する拳を、また、幾人かの脛骨と腓骨を粉砕してきた蹴り技を、全力で放った（と思われる）。

それを炭粉氏は全部受けきるというのだ。当の私自身は不思議な感覚に包まれ、記憶と判断力のないような状態だ。

おそらく、解き放たれた野獣のように攻撃を繰り返したのであろう。

その場面は数分間続いたという。当事者である私にとっては、長遠の時間であったような気がしてならない。

はたしてその時の私は無念夢想の世界にいたのか？　否。攻撃に関する記憶はないのだが、記憶には何らかの情報が焼き付けられていた。恐れ多いのだが、敢えて言葉で表現するとしたら「同調」、いや、

「境地冥合」というべきか。

私の全身に、炭粉氏の深き哀しみと覚悟が怒涛の如く流れ込んで来ていたのだ。

誰かを愛するが故に背負わねばならなかった深き哀しみ。そして、それを克服された精進と覚悟。文字なんかにはとても表現しきれない強い感情。もちろん、炭粉氏に何があったのかは全く分からない。分かるはずもない。しかし、何かがそれを私に伝えるのだ。

「止め！」の声が聞こえた。その瞬間ようやく我に返ることができた。そしていつもの自分を取り戻そうと試みた。痛み稽古の終焉、私は感情を制御できないでいた。きっと泣き出す一歩手前の状態だったと想像する。目前に立ち、微動だにしない偉大な先達に十字を切って頭を垂れた。

「押忍、押忍。ありがとうございました。」

言葉はこれ以上出なかった。自然にほろりと涙が頬をつたった。痛み稽古は私も幾度か経験したことがある。たとえ尊敬する方が相手であったとしても、感極まることなど断じてない。何故なら、それは痛みを乗り越え、強靭な肉体を手に入れるために行う稽古であるからだ。フルコンタクト空手家で強さを求めるのなら誰もが通る道である。

周囲の参加者達は一様にこう語った。

「高萩さんは純粋なのだね」と。

違う。私が感涙にむせたのはそう単純で感傷的な理由ではないのだ。

痛み稽古、いや、敢えて「組手」と呼ばせて頂こう。あの刹那に観た、恐らくは、会長や炭粉氏が既に通ったであろう合気の門。それを瞬間的とはいえ、観ること、いや、確かに感じることができたのだ。私はその時、確信した。あの奥に、あの先にこそ合気がある。もう少しだと。今思い越せば、正にこのとき、合気が私に固い門戸を少しだけ開けてくれた気がするのである。


話は少し変わる。

ところで何故、炭粉氏は「組手」の相手に私を選んだのだろう。そして我々全員に何を伝えたかったのだろうか？

これを目撃した門下達は肝に銘じなければならない。我々は武道を志す者だ。合気が通じない相手に相対した場合は、守らなければならない存在のために、命を賭して戦わねばならない。合気が通じないなどと言って、決して逃げ出す訳にはいかないのだ。それは綺麗事では済まされない。敵に勝てなければ醜い屍をさらすのみなのである。

会長や炭粉氏が常に門下に指導される言葉がある。

「合気でできることは、拳でもできなければならない。」これを努々忘れるべからず。

例え合気を悟れずとも、この肉体で死の恐怖に立ち向かわなければならない。故に血のにじむような不断の鍛錬が必要なのだ。

会長の命の結晶である「氣空術」を学ぶ好機を頂いた我々。どのような思いでそれを学ぶべきか…答えは既に出ている。

かくして炭粉氏との邂逅を経て、かような不思議な体験をした私であったが、それからしばらくの後、拳友達との自由攻防稽古において、さらに深い境地を知ることになるのである。

二月十四日。東京支部稽古の直前のことだ。私は拳友の下山(総合格闘家)、谷内(空手家)とともに、都内某所の武道場にて自主稽古を行った。稽古開始直後は互いに身体が固く、合気技が全くできない状況であったのだが、時間をかけながら心身を緩めていった。時間の経過とともに、合気上げ・愛魂起こしが自在にできるようになってきたのだが、「今日は調子がいい！　何となく場全体の雰囲気が良いぞ」と、誰もが前向きな気持ちを持っていた。

「自由攻防をやってみませんか？」

誰かが静かに囁《ささや》いた。確かにそこに集った面子を見て改めて納得する。我らは、流派は異なれども皆実戦武術の修行者である。誰一人として臆するどころか、逆に不敵な笑みを浮かべ始める。ピリピリとした空気が周囲を包む。さあ、本気の自由攻防の開始である。

風を割く轟音とともに、身体が破裂しそうな衝撃を感じた。下山の強烈な正拳が私の水月上部に突き刺さった。あばら骨が軋む。しかしそんなことは意に介してはいられない。より一層の気合いを持って、最初の一撃とほぼ同時に左中足で下山の左大腿部を蹴りこんだ。互いに最初からフルスロットルである。

自由攻防は熾烈を極めた。開始当初は顔面無しのフルコンルールで稽古をおこなっていた。このルールであれば、素手による顔面攻撃はないため、致命傷を負うリスクも少ない。とは言え、それでも武道家達の打撃技は強烈。肉が弾け、骨は軋む。正拳は身体の外面の破壊だけではなく、同時に内面（内臓）へのダメージを狙っている。当たり所が悪ければ息を吸うことができず、まるで窒息してしまいそうな悶絶する痛みにも度々遭遇するのが常だ。

どのくらい時間が経過したのだろうか。我々の持久力は底をつきかけていた。残りわずかなエネルギーに最後の点火をするが如く、下山は私の胸部目がけて中段突きの連打を放った。当然、私はその攻撃を内受けや、外受けで防御していた。

そのときのことだ。騒がしかった道場が、いつの間にか静かになって行くのを感じた。あるがままの状態が網膜に映し出された。次第に攻防を繰り返す手先を見ていることが鬱陶しく感じられ、視線はいつの間にか自然に虚空を見つめるようになっていった。しかし、そんな状態にもかかわらず、必倒の氣がみなぎる拳や蹴りの軌道は全部見て取れたのだ。私の前に存在していた、私を倒そうとする下村の敵意が消えていた。時の流れがゆっくりと感じられるようになった。そして不思議な境地はさらに顔を覗かせた。

…ただ触れるだけでいい。

下山の身体に触れる。それだけで彼はうなり声を放ち倒れる。谷内もその攻防に加わった。二対一の状態だ。だが、最早、誰人も私を害すことはできないのだ。この感覚はやがて確信となり心を満たした。ますます時はゆるやかに流れ、身体は意識することなく自在に動き、ただ触れるだけ。本当にそれだけで十分なのだ。

相手は体軸を大きく崩し、潰され、投げられてしまう。その静かで不思議な時間は、私が「我」を意識するまで続いた。

「我」を意識してしまうと、それまでどのような攻撃が襲ってきていても前に出ることができていたのだが、その瞬間（モードが切れた途端）に後退してしまう。目先の攻撃が怖くて目が離せなくなるのだ。

この不思議な自身の状態を説明するのに、一番ピタリとくるものがある。それは宮本武蔵が五輪の書で述べた「観の目」なるものだ。

「眼の付けようは、大きに広く付けるなり。観見の二つあり、観の目つよく、見の目よわく、遠き所を近く見、近き所を遠く見ること、兵法の専なり。敵の太刀を知り、聊いささかも敵の太刀を見ずと云事、兵法の大事なり。工夫あるべし。此眼付、小さき兵法にも、大なる兵法にも同じ事なり。目の玉動かずして、両脇を見ること肝要なり。」(宮本武蔵『五輪書水之巻』兵法の目付といふ事)

少林寺拳法でも「八方目」という同様の技術が存在している。私は今までも稽古の中で幾度か試したことはあったものの、未熟者の私には全く使いこなすことができず、攻防戦においては役に立つことはなかった。どんなに工夫を凝らしてみてもだ。攻防戦においては相手の拳や蹴り足を凝視していなければ、反射神経の反応が遅れ、強烈な打撃を喰らってしまっていたのだ。

武蔵は「此書付を覚え、常住此眼付になりて、何事にも眼付のかはらざる処、能々吟味有べき」(同前)というのだが、実際には、伊織(武蔵の養子)のような稀代の天才のみに伝えようとしたのか、若しくは剣聖の境涯から書き下ろされた、所詮、誰人にも到達できない夢物語の境地なのではないかと、私は失望しつつあったものである。

だが、氣空術において、技術と心法の合気を学び、研鑽を続けていたからこそ、偶然にも奇蹟の現象を我が身に体現できてしまった。しかも括目すべきは、私だけではなく、そのとき、ともに稽古をしていた下山、谷内も同様の世界を等しく体現したのである。

さて、いよいよこの章でずっと探究し続けて来た「かけるべき合気」と「避けるべき合気」の謎の解明に迫ろう。

「観の目」というミッシングピースが顕れたことによって、これらの矛盾するロジックが初めて整合するのだ。

実際の攻防戦に於いては、我々は常に相手の思考や動作に心が捕らわれてしまう。視野は狭くなり、呼吸は浅くなる。恐怖故に相手から目を離すことも、心を解放することもできなくなる。所謂、固まった状態になってしまうのだ。正に相手に（環境に）呪縛されたかのような状態に陥りやすくなる。剣術の世界ではこのような膠着状態を「合気」と呼び、避けるべき状態であると教示してきた。

対して、この状態から離脱することができれば、初めて真の自由を得、心身ともに自在に動けるようになる。人間の魂は歓喜し、まるで舞を踊るかの如く自然に解放されていくのだ。受けはどれほど意識して攻めこもうとも、こちら側に影響を及ぼすことはできない。その状態は己の外で発生する事象全てに捕らわれることを嫌い、多くの信号を無（零）に帰してしまうからだ。

逆に仕手側は、受けの身体に触れるだけで「かけるべき合気」が発動する。受けにしてみれば、触れられた箇所からは、護身に供する十分な情報が伝わってこない。また、どの箇所にどのように質量が伝達されているのかをいつものように察知することができなくなる。仕手の不思議な状態に気が付いたときには、時既に遅く、バランスを立て直そうとしても、もう間に合わないのだ。既に体の軸はゆがめられ、もはや立っていることができなくなるのである。これこそ「かけるべき合気」ではないか。この「観の目」の境地を得て初めて、「かけるべき合気」と「避けるべき合気」の矛盾がことごとく消失するのである。

これは現時における私個人の仮説なのだが、私が体感したこの内容を会長にそのままぶつけてみた。会長は破顔一笑で、「そう！　それが合気モードや。そうか！　ついに至ったか。嬉しい、嬉しいよ。それを今度は新しいメンバーに伝えてあげて下さい」。

まるで自分のことのように心から喜んでくれた。その境地を観た者、また、そしてそこに至った者にしか共感できない世界である。私は会長から語られる話の一つ一つを何度も自分の体験に重ね、ズレや乖離が有るかを再確認した。しかし会長の口から放たれる合気の世界は、ことごとく自身の体験に一致した。そう。正に私達が体感したあの境地こそがやはり「合気モード」であったのだと！

ただ誤解のないようにしっかりと記載しておきたい。私達は幸運にも氣空術の修練過程で、たまたまその世界を観ることができるようになった。また、会長の教導のお蔭で、爪上の砂粒ほどの合気技はできるようにはなったが、全く以ってまだまだ合格点には及ばない。私の合気は切れかけのランプの如く、点いては消え、また、消えては点くといった具合なのだ。稀に全く顔を出してくれないことすらある体たらくぶりだ。きっと、何かが合気発動を妨げているのだ。それは時には技術的な未熟さであったり、やってやろうという過剰な欲求が働いてしまい、受けに察知されてしまったりするからなのだろう。それだから合気は面白い。傲慢にはそうやすやすとさせては貰えないのだ（傲慢になれるものならなってみたいものである）。故に、師への感謝、同門の徒への感謝を忘れず、常に基本に立ち返って合気を心身の隅々にまで浸透・常態化させていかねばならない。やはり基本こそが奥伝に続く唯一の道なのである。

武の合気と活人の合気へ

合気道開祖の植芝盛平翁は自著『合気神髄』（八幡書店）の中でこのように述べている。

「昔から、武道は誤って人命を絶えず殺し合う方向に進んできたのであるが、合気は人命を救うためにあるのである。」

合気が活人術と呼ばれる所以である。

一般的には武道の活人的な利用と言えば、指圧法や骨接ぎ等の東洋医療的行為をイメージしてしまうかもしれない。現に活法師と呼ばれる東洋医療従事者がその巧みな技術を利用して多くの人々の苦痛を緩和させ、病の治療にあたっているのも事実だ。しかし私は、活人の術とは東洋医療従事者の専売特許ではないと思っている。つまり、我々の世界でできること、そしてすべきことが沢山あると信じている。

会長は語る。

「氣空術は単なる戦う技であってはならない。身体で動き、身体で表現する芸術である。そしてそれは、あらゆる世界で活躍する全ての人々のお役に立てるものであると確信している」と。

そう。合気は武道家のためだけのものではない。また、活法師のためだけのものでもない。

この合気の章の最後に、合気を一般生活の中に通すことができた二つのエピソードを紹介して筆をおこうと思う。


うだるような暑い日々が続いていた。止むことのないミンミン蝉の鳴き声が余計に盛夏を意識させる。

平成二七年七月一三日午後、たまたま出張となった名古屋での仕事を終え、急ぎ、兄弟子である小磯さんと武道場で待ち合わせをした。たまたま私の出張のタイミングが、彼の余暇と重なったが故の自主稽古開催であったのだが、この時ばかりは、小磯さんの様子がいつもと異なっていたのだ。委細は割愛するが、職場で発生した大きな問題、それと同時並行して惹起した個人的な悩み。さらに追い打ちをかけるかのように精神を病んだ友人から人生相談を受けることになる。

精神を病んだ者の接触。私自身も経験があるのだが、その依存度は半端ではない。四六時中電話がかかってきて呼び出しを受ける。男気のある小磯さんだからこそ、それを決して無礙にはできないのだろう。もし、無視を決め込んでしまえば自傷、いや、自ら命を絶ってしまう可能性だってあるのだ。

小磯さんの武道にかける情熱はすさまじいものがある。もともとプロのキックボクサーであり、多くのタイトルホルダーを育成した実績を有する人物だ。己に課す課題も厳しい。誰よりも多くの鍛錬を毎日こなし、合気を自身の技術に通すため、五十を超えた今でも、打撃系武道の知人との自由攻防も週一回は行っているという。もとより人並み外れた強靭な肉体と心を持っていたはずであったが、一連の彼の周囲で生じていた問題は彼の心に確実に闇を落としていった。そしてその闇が小磯さんから合気を奪ったのである。


今回の自主稽古。私には何としてもなさねばならぬ使命があった。会長に「合気」を常に教えて頂いているにもかかわらず、全く掴めていない不肖の末弟であるのは重々承知の上なのだが、今回だけは何が何でもやり遂げる必要があった。

師に授かりし合気。同門の拳友達と真剣に武功を重ね、おぼろげながら、合気を観、知り、たどり着いた不思議な境地。

そこで得たものを、偉大な兄弟子に伝えなければならない。果たして、こんな大役を末弟の凡愚に務めることができるのだろうか？　心が不安に支配されていたのは確かだ。しかし何が何でもやり遂げねばならない。

合気とは愛魂。魂を昇華させ得る真の活人術。植芝翁が「武産合気」を創造した真の目的を今、この不肖の弟子が兄弟子に証明しなければならない。今こそ会長に、そして兄弟子に大恩を返すとき。


稽古場所に向かう途中、小磯さんが呟いた。

「高さん、合気なんて本当にあるのだろうか？　俺は今、それすら半信半疑になってしまった」と。

私は耳を疑った。私に合気を掴むための多くのアドバイスをくれていた兄弟子である。誰よりも真摯に合気を求め、着実に成長を遂げていた男であったはずだ。そんな兄弟子がかような内容を口にするなんて…。私は瞬時に小磯さんの苦悩と苦しみの深さを理解した。二人は終始無言のまま稽古場に向かった。

武道家は道着に袖を通す砌に死人と化す。白装束である道着を身に纏い、そして己が戦場へ赴くのだ。もう肚は決まっていた。入念なストレッチを行い、二人とも準備は整った。いよいよ、自主稽古が開始された。

先ずは氣空術の基本である「くっつく掌」を小磯さんが教えてくれた。これは結びを体得するための重要な基本であり、結びができなければ合気が発生することはない。この基本の習得に相当苦労された小磯さんだからこそ、指導の内容は常に明確で解りやすい。互いに合気技を掛け合うことで、徐々にではあったが身体がほぐれていくのが解った。また、時間の経過とともに、失われたはずの小磯さんの合気がその腕に蘇ってくることを予感した。機は熟した。

「小磯さん、私が最近知った世界を兄弟子に見せたい。そしてそれを心と身体で全部受けてほしい。」

心の広い小磯さんは、喜んで私の合気を受けて下さった。技法、心法。そして私の合気モードを。私が彼に伝えたかったもの。それは呪縛からの解脱であった。己の外で起こるあらゆる現象に心が囚《とら》われてしまうと、呼吸は浅くなり生命力はみるみる縮小していく。魂は歓喜を失い、まるで魔に取り込まれた状態になってしまう。この状態は何としても避けねばならない。そのためには自分が環境に支配されている状態である現実を改めて認識することが重要だ。いったんそこから離脱できたとしても、生命は瞬時に六道輪廻を繰り返す性を持つ。故に単なる付け焼刃では意味がない。再発が懸念される現時的離脱では十分ではないのだ。更に進めて恒久的な解脱にまで繋げなければ意味が無い。それを私は自由攻防に通した「氣空の拳」で表現し、伝える必要があった。もちろんありったけの愛情の塊を載せて……。

中国広東省で生まれた詠春拳と呼ばれる武術がある。かのブルース・リーが創出した截拳道（JKD）の礎となり、特に初期に多用されていた「トラッピング」と呼ばれる打撃のドリルは、顔面への攻防戦に有効で、私は自身の空手に取り入れ活用している。この技術は場に支配される状態を理解する上で特に有効性がある。自由攻防の中で、通常の立技師（空手、キックボクサー等々）があまり経験したことのないような打撃技を高速に叩き込めるからである。

私は小磯さんに対してこの打撃を最速のスピードで打ち込んだ。

この連撃によって、相手は私の攻撃から目が離せなくなる。全身が緊張に支配され、固まり、やがてその場（私が作り出す場）に飲み込まれてしまうのだ。そして相手が完全に硬直化した自身の状態に気が付いた瞬間、意識と呼吸で合気をかけ、その状態からの脱出を促すのである。相手に取ってみれば、呪縛状態からの離脱は一気に楽になる。心身ともに解放されるのだから当然だ。そして開放感そのままに観の目を使って合気モードに入る。

トラッピングドリルをはじめて経験した小磯さんは、最初だけは目を丸くしていたが、流石は元プロのキックボクサーである。僅かばかりの時間であったにもかかわらず、私の攻撃の意味を理解し、次第に捌けるようにまでになってしまった。このままではいけない。私は拳撃に、より一層の心を装填し速度を上げげた。魂の呪縛がようやく始まった。

しばしの激しい攻防戦の後、前述の如く小磯さんは私の支配から離脱し合気モードに入った。

ここから一転して立場が逆転。合気耐性を有している私が触れられただけでふっ飛ばされるのだ。

もはや立ってはいられない。

結局、二人の自主稽古は三時間を超過した。

「高さん、ありがとう！　合気はやはり実在した。それを拳友が改めて心・体・魂で教えてくれた。本当にありがとう！」

二人は汗だくになりながらも、大きな感動の中にあった。合気が深まったからなのか、ときには、非接触での崩しも幾度か見られた。

師より授かりし氣空の拳。ここに一応の結果を出すことができた。

私が合気を掴めず悩んでいた時に、誰よりも私が合気を掴むことを信じ、激励し、見守ってくれたのは他ならぬ小磯さんであった。故に私は感謝と愛情の全てをこの拳に、蹴り足に載せ、彼に叩き込んだのだ。力を愛に変えて…。結果、小磯さんの心と合気は見事に蘇生を果たした。いや、むしろ、以前よりもはるかに輝きを増したのである。解放された魂は、娑婆世界での呪縛を完全に断ち、既に雄大な境涯から雑事を見下ろしていた（もう大丈夫だ）。

今回の件、兄弟子は自らが苦悩することによって、合気迷妄の凡愚たる私に教え示してくれたのではないかと考えている。私が真に目指すべき道を。私の合気とは何なのかを。

今、師と拳友に心から感謝の祈りを捧げたい。ありがとう。本当にありがとうと。

二人は稽古を終えて外に出た。もう既に日が落ちているにもかかわらず、ミンミン蝉が二人の前途を祝福してくれているかのように鳴き続けていた。

小磯さんとの感慨深い自主稽古から、二ヵ月が経過しようとしていた。

九月二十一日。既に秋の気配が漂う神奈川県葉山市の国道を友人とドライブしていたときのことだ。二歳位の男の子が、普段は自分が乗せられているであろう小さなベビーカーを押しながら、ヨチヨチ歩きで高速車が行きかう車道を横断しようとしていた。そのシーンを目撃していた通行人は恐らく数人。だが、突然のショッキングなシーンに誰もが硬直して動けない。声すら上げられずにいた。まさに男の子が車道に足を一歩踏み出した瞬間だった。恐らく対向車からもその子の姿は見えてはいない。

その瞬間のことであった。合気モードが自然に発動した。

誰もがその場に魅入られ、動けない状況であったのだが、私だけは自在に動けた。一瞬のことだったが、車外に足を踏み出したその瞬間、必要な全ての情報を理解していた。対向車の位置、子供の位置、歩幅、車のスピード、距離…。

これから起こるかもしれない惨劇に目を瞑るご婦人の顔が見えた。固まってしまって動けないでいる人々の悲鳴までが聞こえた気がする。あり得ないと言われても仕方がない話なのだが、そのときも、時間はゆっくりと流れ出し、一八〇度の全体視野で全ての起こりを客観視していた。結果、その男の子を抱き上げ助けられたのだ。

優しく抱き締めて話しを聞こうと試みるも、その子はまだ言葉が話せない。言葉を理解することができないのだ。

周囲に御両親はいなかった。恐らくその子は一人で自宅から外に出てしまったのだろう。そしていつもご両親と横断する車道を、いつものように渡ろうとしただけだったのだろう。

その子の無事を認識した周囲の方々が、私のそばに駆け寄ってきた。ただならぬ雰囲気を察したその子は、自分の身に何が起こったのかを悟ったようだ。目には涙を浮かべ、体は小刻みに震え出した。私は優しくその子を抱きしめ、「もう大丈夫だよ。怖くないよ」と落ち着かせた。

通りがかったご婦人の協力を得て、その子の自宅を一緒に探した。何せ、何も話すことができない子供である。周囲の一軒家を軒並み聞き込みをして探すしかない。四件目にしてようやくその子の自宅を見つけ出すことができた。

氣空術を学ぶ者の心得。会長は常に我々に指導する。

「動き続けよ。決して固まるな。流れるように動き続けるのだ。」

「合気とは愛魂。心で動く。頭で考えていたら駄目だ。」

師に学びし合気は、このような状況下にあってもきちんと発動してくれた。それも最高の形で。
名も知らぬ君よ、君を助けられて本当に良かった。私の頬を一筋の涙がつたった。

（合気の章　完）

あとがき

ここまで書いてきて、「読者の方に氣空術を少しは理解してもらえただろうか」という思いがよぎる。言い訳めいた文になるが、自分はまだまだ、氣空術の一修行者にすぎない。「合気」という深く高い頂上があるとしたら、この自分が現在、立つ位置は登山道にさしかかった程度なのだ。したがって、経験も浅い、知識も少ない、もっと言えば「できている」という状態でもない。「それでも本を書こう」と決意した経緯は序章に書いた通りだが、「どこまで伝えることができたものやら」と懸念することばかりだ。

執筆中、試行錯誤する自分に会長がこんな言葉をかけてくれたことがある。

「無理せんでもええねん。今、小磯さんが気づいたり、心と身体で体験していることを書けば、自然にそれが文章に出てくるよ」と。

その言葉にフッと楽になったことがある。背伸びすることなく、ありのままで書いていけばいいいんだと。したがって、本書の内容は自分の稽古を通した経験と会長から言われた言葉を書いたにすぎない。合気に関する文献を調べたり、関連団体に取材したわけでもない。取材したのはあくまでも、氣空術門下のみ。それぞれの武歴と入門してからの物語をまとめ上げただけだ（これはそれなりに本としてまとまっていると思っている）。ただし、氣空術における技（動き方）に関しては、会長が稽古で伝えたことを、可能な限りリアルに書いた。くっつく掌と二触法や二方向の技における皮膚接触、それを遂行するための腕の道具化、さらに心の在り方についても詳しく書いたつもりだ。門下の方なら、きっと理解いただけると思う。

自分は他の合気系の武道・武術は知らない。会長がいうように「会得に向けた方法が違うだけで、もっと凄い人はこの世にいくらでもいるよ」というのは事実だとも思う。

さらにいうと、自分の経験値から他の打撃系武道・武術、格闘技の専門家を心からリスペクトもしている。実際に組手なり、スパーリングで対戦したから分かるのだ、彼らの凄さが。例えば、フルコンタクト空手家の近間のハイキックは脅威だ。多角度から飛んでくる下段蹴りも威力がある。そのうえに身体そのものが頑丈だ。筋肉と適度な脂肪で覆われた肉体はまさに鎧のごとき強靭さがある。伝統派の空手も電光石火のごとき突き、蹴りがある。迅速なその打撃技はそう簡単に捕らえられるものではない。

格闘技で言えば、ボクシングはパンチの究極技と思っている。そのスピードは想像以上に速いし、グローブで殴られる衝撃感はくらった者でない限り、分からないだろう。オフェンス、ディフェンスともにグローブを着けての打撃攻防に限って言えば、これほど完成された格闘技はないだろう。自分がやってきたキックボクシングも然りだ。中間距離からのパンチと蹴り、近間での肘、膝蹴り、特に本場のムエタイ戦士の首相撲は一度、ロックされようものならそうは簡単に外せない。蹴りもとんでもなく速いし、衝撃力もある。まともに肘打ちを食らおうものなら、眼底骨折、下顎骨骨折など日常茶飯事だ。目の上に当たれば、骨が見えるぐらいまで深くカットされることだってある。

組技、投げ技系の武道、格闘技について多くは知らないが、一度、チョークスリーパーをかけられて絞め落とされたことがある。タップするのが悔しくて耐えていたら、落ちたのだ。あるいは手や足の関節技を決められたら、耐えるなんてものじゃない。あの激痛は打撃系にはない恐ろしさがある。だから、いずれの武道・武術、格闘技の実戦的な技はいずれも凄味があるのだ。鍛えに鍛え抜いた人間は強い！　自身の体験から、それはハッキリ言える。しかしながら、いずれも若き頃の筋力は衰える。スピードもパワーもスタミナも現役選手に追いつかなくなる。どんなに鍛えていてもだ。中には六十過ぎて、いまだに試合、大会に出場される方もいるが、それは稀だ（凄いとは思う）。

なおかつ、同じ力量がある場合はやはり、体格に恵まれている者のほうが強い。どんなにテクニックに優れていようが、体格差を埋めるのは極めて難しい。そういう世界なのである。

それでも、一度、武道・武術、格闘技の世界にはまった者は、さらなる深淵を求めようとする。スピード、パワーの筋力の技とは別の身体操作を追い続けようとするのだ。氣空術門下の武道・武術家、あるいは格闘家はそれを「合気」に求めた。

何度も書くが、その合気の技というより、動きを術化したのが氣空術。会長はよくぞ、これを体系化できたものだと思う。ただ、そうは簡単に会得できるものではない。道場で稽古中は「できた！」と思っても、別の機会に同じことをやろうとすると、ものの見事なまでにできない。「できる」と「会得する」は別の話である。会得するからには、地道な稽古を数え切れぬぐらいやるしかない。武道・武術において、それはあたりまえのことだ。二方向なり、二触法なりができれば力なくしてできるから、初めは誰もがそれに驚く。力を入れないにもかかわらず、相手が倒れるなり崩れるなりすることが信じられない。驚きの次にくるのが喜びである。「こんなわずかな力でできるんだ！」という気持ちになれる。それはそれでいい。

ただし、はっきり言っておく。「これが合気現象なんだ」と思い込んで、他の実戦武道経験者と組手をやろうものなら、間違いなく痛い目に遭う。武術的な技や動き、会得するのに簡単なことは何一つとしてないのだ。ここは地道な修練を積むしかない。幸いにも、会長の教えはフルオープンである。この世界ではよくある「秘伝、秘術」的なものは一切ない。

「崩そうとして、みなさん、肩で押してしまうでしょう。それだと、相手は崩されるものかと余計に踏ん張る。力対力になったら、力のある人のほうが絶対に強い。だから、こういうときはこうする！」

と、いとも簡単に技の理合を説いてくれる。師がここまでていねいに指導してくれるのだ。後は自主稽古などで各自がそれをつかむ努力をすればいい。

ただし…、だ。氣空術の技は二方向も二触法もそう簡単に会得できるものではない（自分が鈍くさいせいもある）。頭で「右手で水平方向をやると同時に真下を…」と考え始めると、それだけでできなくなる。個人的見解だが、氣空術の技、それは頭であれこれ考えるのではなく、感覚でとらえることが必要なのだ。映画の「燃えよ　ドラゴン」でブルース・リーが弟子にいう有名なセリフがある。「Don't think, but feel.」—「考えるな、感じろ」、これと同じだと思う。微妙な圧や結び、道具化した腕を身体の何処から使うか、それらは頭で考えるより、体内感覚のようなものだ。難しいかもしれない。しかし、それとて修練を積むことで、自転車や箸をごく自然に使えるのと同じようになると思う。ちなみに、会長が主宰する空手・拳友会の道場訓は「あきらめず、最後までやれば必ずできる」だ。氣空術もそれと同じである。「あきらめず…」は氣空術に限らないだろう。何事も最後までやり続けることの先には必ず実るものがあるはずだ。

以前、会長からこんなメールをもらったことがある。

「まずは自分の心と身体を整え、調和させる。それによって心身ともに健康になりますよね。それができて初めて人との調和がとれるようになります。まずは感じること！　そして動くこと！　感じて動くからこそ、『感動』になる。その上をさらに行くと、心に激震が起こって『感激』になります。」

会長は技もさることながら、言葉の表現も達人だ。感じて、動く。そのときに技ができる。できたときはみな、一様に感動を覚える。そこがまた、いいのだ。格闘技時代のように我がジムの教え子がタイトルマッチに勝利して、ベルトを巻いた瞬間のような大きな感動ではない。しかし、ともに稽古する仲間がお互いにできたときの喜びを共感し合えるというのもいいものだ。一人ひとりの感動が波及すると、その波はより大きなものになる。会長のいうように、感激につながることもきっと、この先あるだろう。

本書の初めにも書いたが、武術における師の教えは稽古中のみならず、ふだんの何気ない話の中にも伝えられることがある。それが「口伝」。門下が覚書を書いたものが「手控え」。大切な口伝である。師の話を聞いて「ほ〜、それは素晴らしい」だけでなく、手控えは書いておくほうが望ましいと思う。それは自らの修練において、必ず役立ってくるはずだ。

ちなみに左の写真は、岸川さんの手控え。ノート二冊にびっしり書き込まれた内容には、会長から授かったさまざまな教えが書かれてある。いつかは、この文面を素材とした第二弾の本を書くこともあるかもしれない。

本書はここでいったん、幕を閉じる。振り返れば、「氣空術の魅力を伝えることができたか」と思うことばかりだが、これはこれで良しとしよう。いずれにしても、本書は自分の力だけでは出版できなかった。特に難解な「合気の章」を引き受けてくれた拳友の高萩さんには、心からお礼を言いたい。そしてなによりも、畑村会長との出会いがなければ、武の感動も探求の喜びもなかった。門弟の一人に過ぎない自分に「武と心の教え」を惜しむことなく伝授いただいていることに深い感謝を抱いている。さらにまた、本書執筆にあたって、多くの門下の方からの協力があった。本を書いたのは自分だが、みなさんからの力添えなくして、出版までこぎつけることはできなかっただろう。

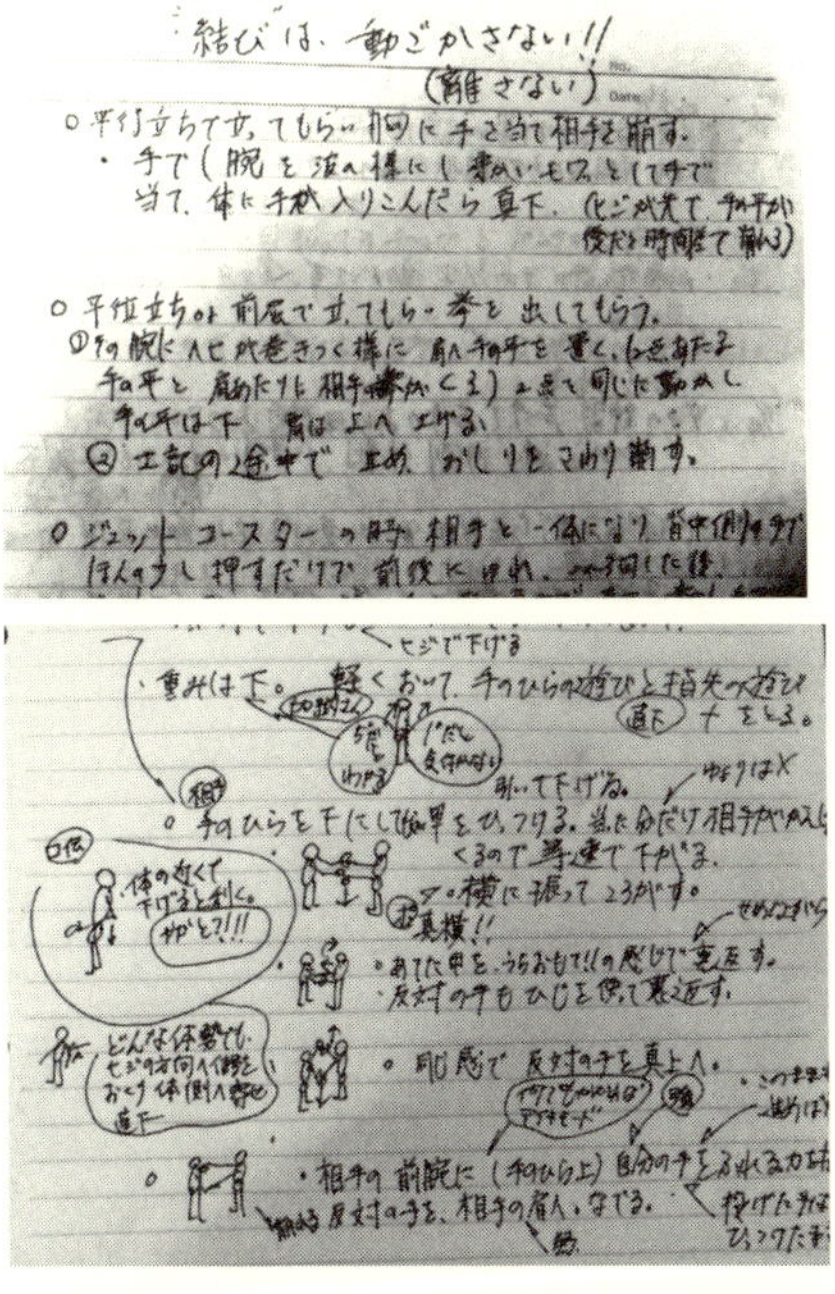

そして最後に、合気の大先輩である炭粉さんには、武術面にとどまらず、執筆者としても多くの助

言をいただいた。「推薦文を書いてほしい」という願いも快諾いただき、どうお礼を言えばいいか、悩むばかりだ。みなさんに本当に感謝です。有難うございました！

平成二十七年　初冬

氣空術・名古屋支部　小磯康幸

著者：小磯康幸（こいそ　やすゆき）
16歳から空手を始め、その後、キックボクシングに転向。選手引退後は長年に渡り、選手指導にあたっていたが、平成26年2月に氣空術主宰・畑村洋数と邂逅。その技に魅了されて同年4月に入門。現在、名古屋支部において稽古に取り組んでいる。
著者：高萩英樹（たかはぎ　ひでき）
幼少より空手、マーシャルアーツを学び、30年以上に渡って武術の研究にいそしむ。外資系IT企業に勤務する傍ら「合気」の世界に魅了され、本物を求めて多くの道場を渡り歩く。現在は氣空術東京支部に入門し稽古に取り組んでいる。Kikuu-Jyutsu International主宰

＊＊＊＊＊バウンダリー叢書＊＊＊＊＊
氣空の拳（きくうのけん）
2016年 3 月 3 日　第1刷発行

発行所：㈱海 鳴 社　http://www.kaimeisha.com/
〒101-0065　東京都千代田区西神田２－４－６
Eメール：kaimei@d8.dion.ne.jp
Tel.：03-3262-1967 Fax：03-3234-3643

発 行 人：辻　信　行
組　　版：海　鳴　社
印刷・製本：モリモト印刷

出版社コード：1097

ISBN 978-4-87525-324-2　落丁・乱丁本はお買い上げの書店でお取替えください